基本が学べる······ 一生使える······ 結果が出る

プロジェクト マネジメント
最強の教科書

監修 **中嶋 秀隆** プラネット株式会社
エグゼクティブ・コンサルタント

著 **中西全二** プラネット株式会社
代表取締役社長

SOGO HOREI PUBLISHING CO., LTD

まえがき

現代は VUCA の時代だとよく表現されます。VUCA とは Volatility（変動性）、Uncertainty（不確実性）、Complexity（複雑性）、Ambiguity（曖昧性）の頭文字を取った造語です。私たちを取り巻く環境が目まぐるしく変化し、将来の予測ができない状況だということです。

例えば、我が国は近い将来、財政危機がやってくるかもしれません。自分はもとより家族を守っていくためにも、老後の資産形成という目標に向かって、現状を把握して、どのように取り組んで行けばよいのか。どうすれば老後生活に困らない資産形成という目標を達成できるのか。

そのような不安を抱えている方は多いと思います。

財政状況は日々変わり、投資で損をするなど、目標から大きく遠のいてしまう失敗もあるでしょう。そのような変化を読みながら、目標を達成することは難しいのではないかと思う人も多いでしょう。

しかし、どのような物事であろうと、目標の達成の仕方は同じです。

そこで、私たちは、「目標を超簡単に達成する方法」を、みなさんにご紹介したく、筆をとらせていただきました。

それが「プロジェクトマネジメント」です。

とはいえ、本書は、実際のプロジェクトで使われるプロジェクトマネジメントを解説することではなく、目標達成のための超簡単法として、みなさまが日々の生活において簡単にプロジェクトマネジメントを活用・実践できることに重きをおいています。

　あくまでもみなさまの大切な目標をできるかぎり簡単に達成する手助けとなれば、著者にとってこの上ない幸せです。

　本書を読んでみたが、よくわからないという部分などがございましたら、巻末に関連ホームページ等を掲載しておきますので、ご遠慮なくご連絡いただきたく考えております。私たちはプロジェクトマネジメント、ファイナンシャルプランニングなどの専門家でもありますので、ご期待にお応えできると自負しております。

　それでは、本書の第1部（chapter1）を書店でチラッとだけ立ち読みいただき、気に入っていただけましたらご購入いただければ幸いです。

　そして、プロジェクトマネジメントに興味を持たれましたら、最後のページまでご完食いただければ、著者冥利につきます！

中西全二

chapter 1
「物語」でプロジェクトマネジメント（PM）を理解する
～3兄弟の志望校合格までの道のり PM小話 by 宮田和裕～

chapter 2
目標達成のための10のステップ

chapter **3**
PMBOKの概要

編集／豊泉博司

装丁／木村勉

本文デザイン・図版・組版／横内俊彦

chapter 1

「物語」でプロジェクトマネジメント
(PM)を理解する

~3兄弟の志望校合格までの道のりPM小話by宮田和裕~

翌年に受験を控えた子どもたちが、PM的思考・行動で勉強して目的を果たす物語。ここでまずはざっくりとPMを理解し、自分のビジネスや日常に活用することに思いを馳せてみましょう。（全12話）

PM小話 #1 「志望校合格プロジェクト」開始！

　あるところに、お父さんと男の子3兄弟の子どもが、仲良く暮らしていました。

　3兄弟は、**長男が大学受験、次男は高校受験、三男は中学受験**を控えていました。

　しかし、3人の子どもたちは、あまり勉強に熱心ではありません。「勉強しなさい！」とお父さんが口うるさく言っても、なかなか机に向かうことすらしません。

　お父さんは思っていました。
「このままでは、3人とも志望校に合格するのはかなり難しい……」
　そしてお父さんは、心配になり、さらには危機感を募らせるのです。「この子たちは、受験勉強というものがわかっていないのではないか。ましてや、必要な情報や時間が少なすぎる。ああ、合格なんて非常に厳しい状況だ！」
　そう思い、考え込んだのです。
「どうすれば、自分の意思で勉強をしようとしてくれるかな……」

　ある日、お父さんは3人の子どもを集めて言いました。
「もう、口うるさく勉強しろとは言わない。これからは自分たちで、勉強して受験を突破するのだよ」と。

　こうして3兄弟が、**志望校に合格するための「志望校合格プロジェクト」**が始まりました。

Commentary

　さあ、3人の「志望校合格プロジェクト」が始まりました。お父さんが「勉強しなさい」と言わなくなったことで、子どもたちは自主的に学習して志望校に合格しなければなりません。

　子どもたち3人にとっては、**今までに経験したことがないプロジェクト**です。**独自性・有期性がある**といえます。
　3人は、お父さんの期待に応えて、**志望校に受かるだけの学力を受験日までという限られた期間で身につけ（有期性）**、「志望校合格プロジェクト」を成功させなければなりません。

　つまり、これは立派なプロジェクトなのです。

　いつものようにダラダラと勉強しているだけでは目標を達成することはできないでしょう。

　まずは、翌年の受験に向けて、やるべきことをリストアップ

しなければなりません。それをいつまでに、どのように進める
のかも決める必要があります。

　そして、このプロジェクトでお父さんの期待に応えられるだ
けの結果は出たのかを判断する基準も必要です。

　プロジェクトとしては、行ったことの記録をつけることで、
次に活かすということも重要です。

POINT

プロジェクトの定義は独自性と有期性

PM小話 #2　３人それぞれの勉強の進め方

　お父さんが「勉強しなさい」と言わなくなったことで、３兄弟はなんだか不安になってきました。

　そこで３人は、志望校に合格するためにと、なにはともあれ、机に向かうことにしました。

　とりあえず勉強を始めることにしたのです。

　長男は、

「受験勉強って何をしたらいいの？　まあ、とりあえず問題集でも解いてみるか」

　と、机の上にあった問題集を開いて、パラパラと見始めました。

　次男は、

「問題集を解くだけで大丈夫なのかな？　僕は、まず教科書を読んで、しっかりと知識をつけてから問題を解こう」

　と、さっそく教科書を読み始めました。

　三男は、

「どうやって勉強したらいいのかな？　うーん、まずは計画を立ててみよう」

　と、**すぐに勉強を始めるのではなく、計画を立て始めました。**

こうして、三者三様で、まずは勉強に取りかかることにしました。

Commentary

プロジェクトが失敗する原因はそのときによってさまざまです。

今回の「志望校合格プロジェクト」で失敗してしまうとしたら、以下のような理由が考えられるでしょう。

- **目的が明確ではない**
- **目標がないままに始める**
- **道具（教科書・辞書など）が揃っていない**
- **受験日までの勉強時間が足りない**

これらの**失敗を避けるために重要なことは、具体的かつ正しい「計画」**です。

まずは目的を明確に定め、そこまでの道しるべとなる目標を決めましょう。そして、目標を達成していくための計画を作成します。

今回のプロジェクトでは、志望校に合格することが目的であり、そのために模試で何点以上取れるようにするといったものが最初の目標です。

そして「この問題集を何周しよう、それには1日このくらい進める必要がある……」と、さらに勉強の仕方や手順を細かくしていったものが計画となります。

計画を立てたら、勉強を始めていきます。目標の達成度合いを定期的に確認し、適宜、計画を修正することも重要です。

POINT

具体的かつ正しい計画の作成がプロジェクト成功のカギ

お父さんに聞いてみよう

　三男はしっかりとした計画を立てるため、2人の兄を見ながらいろいろと思いを巡らせていました。

　しかし、受験というものが初めての三男には、受験勉強へのはっきりとしたイメージが持てません。

　そこで、お父さんに相談することにしました。

　この「志望校合格プロジェクト」の成功を**一番期待しているのは、きっとお父さん**です。何かヒントがもらえるかもしれません。

　三男はお父さんに、「どうしたら志望校に合格できるのか」を聞いてみました。

　そして三男は、

　「なるほど……。やっぱりお父さんに聞いてよかったな」

　と、お父さんからヒントを得ることができ、どんな計画を立てるべきか少しずつ見えてきたようです。

Commentary

　お父さんは「志望校合格プロジェクト」を陰ながら応援してくれています。3人の子どもが志望校に合格するのを期待しているのです。

　つまり、**お父さんはこのプロジェクトの「ステークホルダー（応援者・協力者）」**だといえるでしょう。

　ステークホルダーとは、プロジェクトの利害関係者のことで、顧客やユーザー、プロジェクトのメンバー、スポンサー、経営者などが挙げられます。

　通常、受験するとなれば、家族からの協力が必要不可欠です。家庭には、お父さんやお母さんのほかにも、兄弟・姉妹、おじいさん、おばあさんがいるところもあります。それぞれ性格が違いますし、期待していることも違います。受験に賛成してくれる人も、反対する人もいるでしょう。

　今回でいえば、お父さんは「勉強しなさい」と言わなくなりましたが、3人の子どもには志望校に合格してほしいと思っています。そのような応援者・協力者（ステークホルダー）に相談し、要求や期待を聞いて記録しておくことは、プロジェクトを遂行する上で大切になっていきます。

POINT

ステークホルダー（応援者・協力者）の期待を聞いてみる

合格するためにやるべきこと

　三男はお父さんからもらったヒントをもとに、だんだんと志望校合格までの道筋が見えてきた気がしました。

　お父さんは、
「どんな問題が出題されても、解くことができる確かな学力と柔軟な考え方が必要だ」
　そして、
「どの教科から勉強しても構わないが、おまえ（三男）の志望校では数学の配点が高いから、数学を中心に勉強した方がいい」
　とも言っていました。

　三男は、
「よし、やることが見えてきたぞ！　いきなり自分たちで勉強しろ、なんて言われたときは不安だったけど、なんとかなりそうだ」
　と、不安が消え、志望校合格への計画を立て始めました。

Commentary

　何かを新しく始めるときは、当然わからないことが多く、不安な気持ちになるでしょう。

　この物語の三男の場合は初めての受験です。何をすればよい
のか、誰にどんなことを聞けばよいのか、わからないことがた
くさんあります。

　そんな状態で「志望校合格プロジェクト」を始めるときには
なおさら、ゴール（目的地）や進むべきルート（道）を見失わ
ないようにすることが大切です。

　そのためには**地図が必要**になります。

　ゴールさえはっきりしていれば、始めはおおまかな地図でも
大丈夫です。少しずつ地図を描くために必要な要素を集め、完
成させていきましょう。

POINT

細部にこだわるな！　まずは全体を俯瞰せよ！

長男と次男の勉強法

　数日後、それぞれ試行錯誤していた３人が、ようやく勉強の方向性、手順をつかんでいったようです。三者三様で勉強法が決まってきたようなのです。

　長男は、とにかくスピード優先のようです。
　計画などは立てず、とにかく問題集を解いていきます。

　長男は、さっそく１冊解き終えました。しかし、素早く解いているため、しっかりと記憶に残っているわけではありません。そのかわり、早く終わる分、繰り返し解くことができました。

　次男は、長男とは異なり、自分なりに手順を考えました。
　問題集を解く前に教科書を読むなどして知識をつけ、一つ一つの問題をしっかりと理解しながら解くという目標を立て、志望校に合格するために必要な学習を洗い出しました。

　そして、必要な時間の見積もりやスケジュールも考えて進めています。

　長男と次男の勉強の取り組み方は正反対のように見えますが、共通していることが一つあります。

　それは、２人とも**お父さんが何を期待しているのかを確認せ**
ずに、すぐ勉強に取りかかったということです。

　もっとお父さんとともに目標や目的を明確にしておかない
と、この先の勉強に何らかの影響が出てきそうです。

Commentary

　長男も次男もスピードを重視しています。プロジェクトでい
えば、品質よりも納期を優先しているという状態です。

　その努力がまったく間違っているわけではないと思います。
　しかし、長男と次男は、お父さんが期待している方向とはズ
レた方向に進んでいる可能性は高いでしょう。

　志望校合格プロジェクトは、ステークホルダーであるお父さ
んと目的やゴールがしっかりと共有されてないとうまくいきま
せん。

　そして、以下のことを理解して、志望校合格プロジェクトを
明確化することが学習の効率化にもつながるでしょう。

- 何のために勉強するのか？
- なぜ志望校合格プロジェクトが必要なのか？
- 何が達成できれば成功なのか？

- 勉強で優先されるものは何か？
- プロジェクトの概要や進め方を記録しようとしているか？

POINT

何のために行うのかを明確にしよう！

PM小話 #6 計画の全体像を把握しよう

　勉強を始めた3人はあるとき、それぞれがやみくもに勉強をしていくのではなく、いつまでに何を覚えるかなど、勉強の計画を立てることを思いつきました。

　そして、3人で話し、協力して志望校合格プロジェクトの**進捗管理のために全体図を作りました**。それをもとに「いつまでに何をするべきか」を確認しながら、勉強を行うことにしたのです。

　チャートの左側には、学習すべきことの一覧を挙げて、開始日と終了予定日を書き込みます。

　次に、上端に日付を書き込んで、各学習の所要時間を書いてと……。

　こうして完成した全体図を使って、受験が初めての三男は、志望校合格プロジェクトの**全体像をスケジュールとともに把握できるようになりました**。

Commentary

　全体図とは、作業工程や進捗を管理するときに使われる表です。

これをガント・チャートと言います（詳しくは 89 ページ）。

プロジェクトで必要な実施項目を縦軸に、日程を横軸に入れ、各実施項目のスケジュールを横棒グラフ形式で表にします。

全体図（ガントチャーチ）を使うと、プロジェクト関係者間で進捗状況を簡単に情報共有できます。

志望校合格プロジェクトのスケジュールを見える化した全体図の場合、各学習の開始日や終了予定日、学習の流れや進捗状況が一目で把握できるというわけです。

この図全体を活用することにより、注意すべき行事や、やることが多いなどで問題が起こりそうな時期を特定し、問題解決策を考えることができます。

POINT

全体図で計画を把握しながら進める

見落としていたリスク

PM小話 #7

　３兄弟の３人それぞれの性格は、やはり違います。日々の勉強の取り組み方にその性格はあらわれるようです。とくに勉強するペースは、三者三様です。

　長男がテレビを見ているときでも、次男がマンガを読みふけっているときでも、三男はマイペースに、しかし、確実にコツコツと受験勉強を進めていました。

　しかし、**なかなか計画通りにはいかないもの**です。

　（三男）ブルッ。「なんだか寒いなあ……。それに、のども痛い気がする……」

　マイペースにコツコツと勉強していた三男は、なんと風邪をひいてしまったのです。

　結局、風邪が治るまで２日ほど勉強ができませんでした。たった２日ですが、受験まであまり日がないこの時期では、大きな痛手です。

　三男は、
「そうか、必ず元気に毎日勉強ができるわけじゃないんだ。そのことを考えていなかったな。計画を見直してみよう」

と、勉強ができない**リスクを考慮した**勉強計画を新たに立て直しました。

Commentary

　プロジェクトでは、前提条件を無視することはできません。

　志望校合格プロジェクトの場合、「毎日、元気に勉強できるだろう」という仮定をしているかもしれません。
　この仮定が前提条件になります。そして、病気やケガなど、仮定と異なり実際に起こり得ることをリスクといいます。

　三男は、きちんと考え計画を立てていました。しかし、**リスク対策を怠ってしまっていた**のです。

　プロジェクトの計画を立てる際、設定した前提条件についてきちんと確認することで、内在するリスクを洗い出せます。
　リスクを管理するためにも、計画を立てるときには前提を特定し、文書にして、妥当性を確認することが重要でしょう。

　また、それとは違い、プロジェクトを進める上で、基本的には自分たちでは**変更できない条件のことを制約条件と言います。**
　例えば、今回のプロジェクトでいえば、志望校の受験日です。これを遅らせる、または早めることはできません。

　実際の現場では、お客様から設定された納期など、双方の納得や交渉次第で制約条件が変更できる場合もあります。

　そのため、ステークホルダーと相談しながら、プロジェクトをよい形で終わらせることが肝要です。

POINT

制約条件は絶対ではない！　前提条件はリスクに注意

子どもたちのやる気を
引き出すには？

　受験勉強のスタートから日がたち、３人の子どもたちは、それぞれの方法で勉強を進めています。

　そんな中お父さんは、３人の勉強の進み具合に差があることもわかっていました。
　そして、全員が志望校に合格するためには、どのように**子どもたちのやる気を高め、勉強を進めてもらうか**を考えていたのでした。

　お父さんは、
「子どもたちは、きちんと志望校に合格してくれるかな……。途中で挫折して、勉強を諦めてしまいはしないだろうか」
　と、心配していました。

　子どもたちに勉強を強制する権限は、お父さんにありません。ただ、お父さんは、勉強をどうにか続けてくれるように願っています。
　そこで、ご褒美などあったほうがやる気が出るのであればあげようかと思っています。

　お父さんは、子どもたちの成功を願いながら、欲しがってい

るものや、されてうれしいことは何だろうかと、考え始めました。

Commentary

お父さんは、子どもたちが勉強することに対して強制力はありません。そんな中でもやる気を出させて、志望校合格を陰から支えなければなりません。

このようなときには、相手にとって価値のあるものを提供して、こちらの有益なものと交換するという考え方なども重要になります。

自分の願いが成就するかどうか、少し歯がゆい状況でもあります。

ある意味、お父さんは組織のリーダー的ポジションであり、そのリーダーは、直接指示を与えなくともスタッフたちを動かせる関係性を日ごろから構築しておく必要もあります。

人を動かすことは簡単ではありません。
以下のような方法で、相手とのコミュニケーションを図り、関係づくりをしましょう。

● 味方になる

- 目標を明確にする
- 相手の内側を理解する
- 日頃から価値のあるものを渡しておく
- 関係性を築く
- 目的を見失わない

POINT

リーダーに必要なのは影響力！

PM小話 #9 日曜日の情報共有会議

受験日が少しずつ近づいてきました。

しかし、子どもたちは試験の経験が少ない上に、勉強に手いっぱいで、受験に関する情報をあまり持ち合わせていません。

そこでお父さんは、自分がそれぞれの受験に関する情報を吸い上げて、情報を共有することを思いつきました。

「これから毎週、受験対策会議を開くのはどうだろう。志望校合格のために情報をできるだけ集めて共有しようと思うのだけれど」

と、お父さんは子どもたちに提案しました。

子どもたちも賛成してくれたため、毎週日曜日の夜7時から全員で集まって会議をすることとなりました。

Commentary

お父さんとしては、子どもたちの誰が何を求めているのか、何を必要としているのかを理解して、そのニーズを満たすことが必要になります。

それは、やる気を出すためのご褒美だけでなく、プロジェク

トの遂行に必要な情報を提供するということも当てはまるでしょう。

効果的な情報共有をするためには、以下のことを意識しておくことが重要です。

- **誰が**
- **誰に対して**
- **どんな情報を**
- **どんな方法で**
- **どんなタイミングで**

プロジェクトに関わる全員で情報共有をすることは、全員のプロジェクトへの理解を深め、同じ方向に一致団結する意欲を高めることにもつながります。

POINT

情報共有は内容だけでなく、相手や方法、タイミングなども重要

PM小話 #10　**思い通りにはいかない**

　毎週日曜日の情報共有会議は、3人の子どもたちにとっても、お父さんにとってもよい影響がありました。

　子どもたちは、受験についてより知識を深められ、勉強法についても相談をして進めることができました。お父さんも情報提供者として協力できるだけでなく、子どもたちの勉強の進み具合を確認することもできました。

　この話し合いにより、長男と次男もようやく全体図の作成方法を学び、より計画的な勉強を進め始めました。

　このようにして、計画通りに受験勉強を着々と進めていた3人の子どもたちでしたが、学校の行事や、やる気の低下、苦手科目の克服に思ったよりも時間がかかるなど、いろいろな問題が出てきました。

　やがて、予定通りに計画を進めることが難しくなりました。

「行事の用意が忙しくて、なかなか計画通りに勉強が進まない」
「どうして以前のようにやる気が出ないのだろう？」
「勉強の方法が間違っているのかな？」

「目印がないから、克服できたのかわからない」

　3人は新たな問題の発生に頭を抱えてしまいました。

Commentary

**　プロジェクトは進行していくにつれ、さまざまなズレが生じ、多くの場合、最初に立てた計画通りにはいかなくなります。**

　志望校合格プロジェクトでも、学校での用事や勉強へのモチベーションの低下など、さまざまな理由で勉強に支障をきたすこととなってしまいました。

　原因として、仮定が間違っている、知っていることと知らないことの混同が起きているなどが考えられるでしょう。
「先月うまく学習が進んだから、今月もうまくいくだろう」と思い込むと、誤った対応をしてしまう可能性が出てきてしまうのです。

　また、勉強において最も重要なことは、計画通りに進めることではありません。

　大切なことは、どこまで理解できて、どこがわからないのかを把握し、自分の理解度を知りながら、わからない範囲を少しずつでも狭めていくことです。

　プロジェクトでは納期はもちろん重要ですが、それよりも自分が**今何をしていて、何ができていないのかを把握し、それに対して適切な対応を取れるようにすること**の方がさらに大事なのです。

POINT

思い通りにいかないのが前提！
余裕を持った仮定の作成と、自分の理解度を把握しておくことが大切

ここから挽回するには

　ある日の夕方、お父さんは3人の子どもたちが集まって話し合っているのを目にしました。子どもたちは、志望校合格プロジェクトに関する会議を行っているようです。

　このとき、子どもたちは志望校合格プロジェクトの計画をまとめて作った全体図に従って、順調に学習が進んでいるかの進捗確認をしていました。

　志望校合格プロジェクトの目標は、入試まで残り3カ月で第一志望校に合格すること。

　しかしながら、現状は全員、学習計画の60％程度しか達成できていませんでした……。

　次男は、
「このままじゃ合格なんて……」
　と、心配しています。
　それを聞いた三男は、
「そうかもしれない……。でも、今、進捗状況を知ることができたのは、よかったと思うよ」
　と、少し前向きに。

　すると長男が、
「そうだ！　だったら、これからどうするかを考えよう！」
　と弟たちに呼びかけました。

　そして、残り３カ月での計画案（もちろん、リスクも考慮し
た）、勉強方法、日々の生活のルーティーンなども意見を出し合
いました。

　このタイミングで勉強内容を見直し、受験日までの計画（全
体図）も作り直し、心機一転して３人で受験に挑むことを確認
しました。
　そしてまた、それぞれが勉強に取り組み始めたのです。

Commentary

　学習を**計画通りに進めるには、情報を共有し進捗を把握して、
管理することが重要**です。

　子どもたちは、今、受験日まで残り３カ月しかないこと、計
画の約60％しか勉強が進んでいないことを確認しました。
　これは、なかなか厳しい状況です。

　ですが、長男や三男の言う通り、この時点で把握できたこと
をよしとしましょう。そして、これからどうするかを考える必
要があります。

現在までの進捗状況と、自分の各教科・単元の理解度、そして受験校の試験の特徴から、優先順位を決めて、計画を立て直さなくてはならないでしょう。

　実際のプロジェクトでも、さまざまな理由から進行が遅れる場合があります。そうしたときでも、切り替えてプロジェクトがよい方向へ進むようにするのは、プロジェクトを仕切るリーダーやマネジャーの役割です。

POINT

現状を「見える化」し、進捗を把握する。
遅れがあれば、計画を立て直そう

PM小話 #12 「志望校合格プロジェクト」終了！

　年が明けて、受験日が目の前に近づいてきました。

　雪もちらついています。

　志望校合格プロジェクトの終了日も近くなってきました。

「もう少し問題の深さに気づけばよかった」

「もっと前に時間が足りなくなるリスクを認識しておけばよかった」

「そもそも、リスクが発生する前にわかるようにしておけばよかった」

「実際の進捗状況と計画の差がどれくらいならいいのか、はっきりさせておくべきだった」

「問題を先送りしてしまった」

　などなど、たくさんの反省はあります。

　ですが、どうにか準備を終え、後は受験日を待つのみとなったのです。

　そして……。

　3人が合格発表に向かいます。

「あっ！　番号あった！」（3人ともに）

3人のプロジェクト、その目標が達成できたようです。

　お父さんも知らせを聞いて、本当に喜んでいます。3人にとっては、それぞれが自分の目標を達成することが一番ですが、お父さんにとっては、3人が一緒に目標を達成できたことがなによりうれしいことなのです。

　これで無事に3人の子どもたちの志望校合格プロジェクトは終わりを迎えたようです。

Commentary

　どんなプロジェクトでも、**問題が大きくなる前に対応策を講じること、いつ対応するのかを見極める判断基準を事前に予測して決めておくことが重要**です。

　子どもたちは今回が初めてのプロジェクトでした。なかなかうまくいかないことも多く、反省点も多数あったようです。

　受験だけでなく、勉強の過程などでも今回のプロジェクトで得た経験は他のことに使えそうです。

　プロジェクトの終了時には、うまくいかなかったことだけでなく、うまくいったことも分析し、改善点を見つけ、今後のプロジェクトに活かしていきましょう。

　実際のプロジェクトでもそうですが、反省点・改善点は文書として記録しておき、後で見返せるようにすると効果的です。

　では、これにて志望校合格プロジェクトは終了です。

POINT

プロジェクトの終了時には反省点・改善点を記録しておく

※ chapter 1 PM 小話 制作協力
宮田和裕（みやた・かずひろ）

奈良県在住。「心の居場所」と「原体験」に気付かせる迷コンサルタント。
自他ともに認める人生の迷子で、いろいろと迷走してきたけれど、無事にここまでたどりつく事が出来ました（笑）。立場上、マネジメントはしていますが……。
プロジェクトマネジメント、ファイナンシャルプランニングは将来、笑顔あふれる仲間と一緒に過ごす大切な仕組み、みんなが幸せになれる仕組み。だからこそ、悩んで悩んで悩み続けて作り上げていくもの。
効率も大切ですが、じっくりと時間をかけて、その過程で起こるさまざまな出来事が、仲間や相手との絆をさらに強くしてくれます。これが大切な思い出となり、「今を大切に生きよう！」「相手のお役に立てる行動をしよう！」「みんなを楽しませてあげよう！」という気持ちが湧いてきます。
そんな将来の幸せづくり、一緒にしませんか？
夢や思いがカタチになっていく素晴らしい時間を一緒に体験しましょう♪
「思いをひとつに！」私たちと一緒に感動を分かち合いましょう。
人生でプロジェクトを活用してみたい方は
以下の URL をアクセスしていただけると幸いです

https://planetkk.club/

chapter **2**

目標達成のための10のステップ

PM は目標を達成するための世界標準の手法といえます。世界のあらゆる分野でプロジェクトを成功させてきたプロジェクト・マネジャーたちの知識と経験をもとに整理された内容です。そんな PM を活用するための「10 のステップ」を紹介します。

目標達成のための10のステップ

「英語がペラペラになりたい」「学年の順位で5番以内に入りたい」「定年後、好きなことをやりたい」……。みなさんにも、このような目標があるのではないでしょうか。しかし、達成できていないことも多いはずです。

目標は現実に達成すべきものです。にもかかわらず、私たちの目標が「絵に描いた餅」になることが多いのはなぜでしょう。

それは、**目標を達成するための作業が、実行可能かつ具体的に落とし込まれていない**からです。根性や気合いがないわけではありません。目標達成のための手法、ツール、テクニックを知らないだけなのです。

chapter2では、**プロジェクトマネジメントという世界標準の手法**を具体的に説明していきます。

この手法は、世界中で業界を問わず、あらゆる分野でプロジェクトを成功させてきたプロジェクト・マネジャーたちの知識と経験をもとに整理された内容であり、私たちの目標達成にも非常に有用です。この内容・プロセスを「目標達成のための10のステップ」として、10のステップに分けて解説していきます。

プロジェクトマネジメントの流れは、簡単に説明すれば、次の通りです。

- 目標を明確にして、その目標を確実に達成するための計画を作成し、きちんと計画通りに実行していく
- 計画が実情に合わなくなってきたならば、柔軟に変更していく
- 学んだことを整理して、次につないでいく

「当たり前だろう！」と苦笑いされている読者のみなさんもいるでしょう。しかし、当たり前のことを愚直にきちんと行うことが大切なのです。「知ってる」ではなく「どうしたらできるか」を、演習を通しながら考えていきましょう。

それでは、さっそく、目標達成への道のりである「目標達成のための 10 のステップ」を一緒に見ていきましょう。

目標達成のための 10 のステップ

ステップ名	ステップの成果物
ステップ1　目標を明確にする	目標シート
ステップ2　必要な作業を明確にする	作業一覧表
ステップ3　作業の役割分担と所要時間を考える	作業一覧表（所要時間記入済）
ステップ4　作業の依存関係を調べ、順序を決める	ネットワーク図（クリティカル・パス明示）
ステップ5　計画を作成する	ガント・チャート
ステップ6　負荷を考える	
ステップ7　ファイナンシャル・プランニングを行う	
ステップ8　リスクを考慮する	リスク・マネジメント ワークシート
ステップ9　計画を実行し、コントロールする	
ステップ10　振り返り、分析する	教訓シート

［ 3つの事例 ］

chapter2 では、前ページで触れた「目標達成のための 10 の
ステップ」の具体的な内容、技法を 1 ステップごとにこれから
取り上げていきます。

各ステップの内容をよりわかりやすくするために、プロジェ
クトの事例に触れながら紹介していきます。その 3 つの事例（ 3
つのプロジェクト）が、以下の事例 1 ～ 3 です。

この 3 つの事例を活用して、目標を達成するための手順・手
法をステップ 1 からステップ 10 にわけて順に説明していき
ます。

事例1　家族でハワイに行く（家族でハワイ）

気の合う仲間と旅行に行く場合などにも応用でき、「楽しいこ
とを実現する」というプロジェクトです。

事例2　「ファイナンシャル・プランナー」の資格を取る
　　　　（FP 資格取得）

ビジネスに活かせるいろいろな資格を取得する、学生が試験に
合格するというような場合に応用できる「学習結果を出す」と
いうプロジェクトです。

事例3　55 歳で早期退職し、八ヶ岳で田舎暮らしをする
　　　　（田舎暮らし）

典型的な「第二の人生を楽しむ」というプロジェクトです。ぜ
ひ、自分の好きな年齢を設定し、「第二の人生を楽しむ」を現
状と異なる自分の状態をイメージして参照していただくとよい
でしょう。

　この事例 1 〜 3 のプロジェクトをよくよく確認しておいてく
ださい。

　それでは、「目標達成のための 10 のステップ」のステップ 1
から（次ページ）紹介していきましょう。

目標を明確にする

> 「目標達成のための10のステップ」のステップ1では、自分は何に価値を見出しているのか、何を実現したいのかを深く考え、個々の目標を明確にします。そして、ステップ1の最後に、自分の目標を文書（目標シート）に具体的に書き、整理していきます。

目標を吟味し、明確にする

目標を明確にするためには、次の1～5のポイントを整理する必要があります。

[1] WHY（真のニーズ）

1つ目のポイントは、なぜ、この目標を達成したいのかという根底にある自分自身の気持ちです。

真のニーズは、本人でなければ明確にできず、また、表面上の目標が同じでも、一人一人異なるものです。

なぜ、真のニーズを明確にする必要があるのかといえば、ここが明確になればなるほど、**目標達成の可能性が高まる**からです。プロジェクトへの理解が深まるだけでなく、プロジェクトの途中でくじけそうになったときでも、どうして私はこのようなことをしているのかと、原点に戻ることはモチベーションの

アップにもつながります。

　したがって、まずはあなたの**目標の真のニーズを自分自身で明確に**しましょう。「この作業によって、当初、イメージしていた目標を修正してもよいのか？」という疑問を持つ人もいるかもしれません。答えは「おおいに結構！」です。それだけ自分の目標が明確になったということです。

　46 ページで紹介した [3 つの事例] の事例 1 ～ 3 （3 つのプロジェクト）を使って、それぞれのＷＨＹ（真のニーズ）をこれから記しますので、ご自分のプロジェクトの WHY の参考にしてみてください。

事例1 **家族でハワイ**の WHY
「仕事が忙しすぎて、家族の時間を過ごしていなかったから」
旅行に行く目的もさまざまです。今回は、普段は仕事が忙しく、家族の時間を取れていなかった家庭の真のニーズです。

事例2 **FP 資格取得**の WHY
①「金融機関での仕事に FP を活かして、職場で活躍したいから」
自分のスキルをバージョンアップし、ビジネスマンとして、さらに価値のある人間になることは重要です。
②「自分の今後の人生設計を行い、必要なお金を把握できるようになりたいから」

経済的な安心を求める場合のニーズです。自分自身の人生は、誰にとっても最大かつ最も大切なプロジェクトでしょう。

事例3 田舎暮らしの WHY

①「これからの人生は、都会よりも田舎でのんびり暮らしたいから」

この方にとっては、都会だとのんびりできないのでしょう。こうした移住は定年後に行う人が多いかもしれません。

②「田舎で起業したいから」

早期退職し、移住して退職金などで起業をする場合のニーズです。

[2] WHAT（最終成果物）

　目標が達成されたとき、最終的に何が生み出され、何が起き、どのよう状態になっているでしょうか。

　ここでは、そのもの、その状態を**「最終成果物」**と呼ぶことにします。

　私たちの活動は、いつも何かを生み出すために実行されているといっても過言ではありません。もし、「ボーッとして何もしていない」と思われたとしても、「何もしないということを実行し、リラックスした状態を生み出している」ことになりますし、「全財産をつぎ込んでパチンコをする」という場合であっても、最終成果物として、パチンコをした後の爽快感、満足感、喪失感、さらには全財産を使い切った状態というものが存在するでしょう。

　目標の達成を通じて、何を生み出したいのかが、明確にならなければ、その手段も定まりません。

　また、WHAT（最終成果物）と WHY（真のニーズ）はマッチしている必要があります。

　例えば「昇進したい」という事例の場合、WHY（真のニーズ）が「お金を稼ぎ、家族を幸せにしたいから」だとしても、WHAT（最終成果物）が「仕事に没頭する、たとえ家族を犠牲にしても」となってしまっては意味がありません。

　目標を達成しても満足感が得られないという、不幸なアンマッチが起きないよう、慎重に WHAT を考えましょう。

　ここも事例 1 ～ 3 の WHAT を紹介していくので、ご自分のプロジェクトの WHAT を考える参考にしてみてください。

事例1　**家族でハワイ**の WHAT

「家族でハワイに行くこと」の真のニーズは、「家族の時間を過ごしたい」でした。であれば、最終成果物は「家族で同じ時間を過ごし、同じ感動を得る」ということになるでしょう。「家族が別行動し、父親はゴルフ、母親はエステ、子供はショッピングをする」ということでは、真のニーズとずれてしまいます。もちろん、真のニーズが「家族が自分なりのハワイの時間を別々に楽しむ」ことならば、最終成果物が「家族が一人一人別行動する」でも構いません。

事例2　**FP 資格取得**の WHAT

真のニーズは、「職場で活躍したい」であったとしましょう。

その場合、ここでの最終成果物は、ずばり「ファイナンシャル・プランナー」の資格を取ることです。

事例3 **田舎暮らし**の WHAT

真のニーズは、「のんびりした田舎暮らし」であったとしましょう。すると、最終成果物は「八ヶ岳でのんびり暮らす」です。しかし、もし住む場所（最終成果物）が同じ八ヶ岳の中でもにぎやかな観光地の近隣だったら、のんびりできないかもしれません。八ヶ岳の観光客があまり訪れない地区を選ぶ必要があります。

[3] WHEN（期限）

　WHEN（期限）が明確でない目標は達成できないことがほとんどです。あなたも「いつか」という魔法のワードを言ったことがあるのではないでしょうか。

「いつか、暇になったら」、「いつか、お金がたまったら」と……。しかし、「いつか」という日は存在しません。先延ばしを続け、結局、達成できないということになります。したがって、**WHEN（期日）を明確にすることは、目標の達成に不可欠**なのです。必ずしも期日通りでなくても構いませんが、「いつか」でないことが重要です。

　自分の目標に期日を決めるということは、いわゆる自分とのコミットメント（約束）です。自分で言ったことは必ず達成するという自分との約束になるのです。

　会社の仕事ならば、たとえ放っておいても、上司や顧客があなたに期日を意識させてくるでしょう。そのようなケースなら、ある意味では問題ではありません。必ず実施することになりますから。

　人間は、コミットメントを果たしたときに、自分に対して自信を持つといいます。

　ここも［３つの事例］の事例１～３を使って WHEN（期限）を紹介していきます。

事例1　**家族でハワイ**の WHEN

「来年の８月末まで」、「子どもが小学校を卒業するとき（３年後の３月末）まで」というように具体的に設定します。

「休みが取れたとき」「旅行資金が貯まったとき」などは、期日を明確に示していないため不適切です。

事例2　**FP 資格取得**の WHEN

「来年 12 月末まで」「３年以内」と期間を設定するのがよいでしょう。

すすめられないのは「受験３回以内」と受験回数を設定してしまうことです。ある資格を「受験３回以内」と設定したために、２回不合格になった後、いつまでも３回目の受験をしなかった人を何人か知っています。

事例3　**田舎暮らし**の WHEN

「55 歳で早期退職し、すぐに田舎暮らし」ということなら、

「55 歳で早期退職したとき」であるし、退職後に準備を始める
つもりなら、「2030 年まで（退職後〇年以内）」と期間を設定
するとよいでしょう。

[4] WHO（誰）

　WHO（誰）は、この目標の達成をあなたに依頼した人にな
ります。多くの目標において、WHO にあたるのは、あなた自
身でしょう。

　しかし、ここで注意してほしいのは、誰のためでもなく**自分
のために達成する目標であれば、WHO は自分になる**というこ
とです。

　例えば、あなたが「〇〇大学に受かるために勉強をしなさい」
と先生や両親から言われたとします。このとき、目標の達成を
依頼してきた人は先生や両親だと考えるかもしれません。しか
し、この目標における WHO はあなた自身になります。勉強す
るのは自分のためだからです。

　私たち日本人は、「他人のために」という意識が強いですが、
まず「自分のために」があって、その後で他人のためにだと私
は考えます。いわゆる WIN-WIN（自分のためであり、他人の
ためが本来の姿）であり、LOSE-WIN（自分を犠牲にしてでも
他人のため）ではないという意見です。もちろん、すべてのこ
とに当てはまるわけではありません。

　さらに言えば、もし目標が WIN-LOSE（自分のために他人を
犠牲にしてしまうもの）ならば、再検討することが必要かもし

れません。

[5] 成功の判断基準

　目標は達成するものであり、一生追い続けるものでも夢でもありません。そして、達成したかどうかを判断するためには、どのような状態になったら成功とみなすのかという基準が必要となります。それを「成功の判断基準」と呼びます。あなたの目標では、「成功の判断基準」は明確になっているでしょうか。

　もちろん、これを決めるのも判断するのもあなた自身です。

　目標は、ある基準を持たせ、それを達成したらよしとして、そこでケリをつけることが大切です。そのための尺度として、「成功の判断基準」が重要になるのです。一定期間、ある目標に取り組み、成功の判断基準に達したら OK とし、次の目標に向かうことが望ましいでしょう。

　例えば「○○大学に現役合格する」という目標（プロジェクト）は、受験合格発表日に完了します。合格していれば成功ですが、不合格でもこの目標（プロジェクト）は完了です。不合格の場合は「来年合格する」という目標（プロジェクト）を立ち上げるかどうかを決めることになります。したがって、結果として同じタイプのプロジェクトが「合格するまで続く」場合もあり得ます。

　どちらにしても、一定期間で目標（プロジェクト）を完了し、

そこから学んだことを次の目標達成へとつないでいくことで、どんどん目標を達成しやすくなっていくでしょう。

　複数の資格を保有している人は、不合格だった原因を徹底的に振り返って改善したから今回の合格に結びついたという話をしていました。

　1つの物事が終われば、そこから教訓（①うまくいったことで次につながること、②うまくいかなかったことで次に改善できること）を得られます。プロジェクト終了時にはこうした振り返りが何より重要です。詳しくは後のステップ10で解説します。

　またここでも、WHY（真のニーズ）とWHAT（最終成果物）と「成功の判断基準」が同じ方向を示しているかということをきちんと確認しましょう。この3つが異なる方向を指していると、目標を達成することが難しくなります。

　例えば、WHY（真のニーズ）が「自分の一生を振り返る」、WHAT（最終成果物）が「自分史を書く」、成功の判断基準が「ベストセラーになる」では、方向が異なっているので、いずれどこかでおかしくなることは火を見るよりも明らかです。

　[3つの事例]の事例1〜3のそれぞれの方向を見ていきましょう。

事例1　家族でハワイ

WHY（真のニーズ）もWHAT（最終成果物）も「家族で同じ

時間を過ごす」ことを目的としていました。

そのため、成功の判断基準としては、帰りの飛行機の中などで家族全員が「みんなで旅行に行けてよかった、楽しかった」と感じていれば、大成功といえるでしょう。

もし、「あまり家族一緒の時間がなかったね」と感じてしまっているならば、残念ですが、目標達成とは言えません。

事例2 FP 資格取得

成功の判断基準はずばり「ファイナンシャル・プランナー」の資格取得となります。もし、さらに上位の資格にチャレンジしたいなら、次の目標とすればよいでしょう。

ここで注意したいのは、ファイナンシャル・プランナーの資格がいくつかある場合、その1つを取得した段階で、この目標を達成とせずに、ずるずるといってしまうことです。

初級、上級の2つの資格を取りたいのでしたら、目標を別々にして、「ファイナンシャル・プランナー（初級）の資格を取る」「ファイナンシャル・プランナー（上級）の資格を取る」と分けることをおすすめします。

事例3 田舎暮らし

八ヶ岳で田舎暮らしを開始した時点で、目標の達成とするのがよいでしょう。ここでは、「八ヶ岳で田舎暮らしをする」が目標であり、そのために「55 歳で早期退職する」という事例なのです。

◎ 自分の目標シートを作成する

「人間は忘却する動物である」「文書になっていないものは、この世に存在していないのと同じである」というように、文書化の必要性に関する言葉は、世の中に数多く存在しています。

　人間は、頭の中の考えを外部にアウトプットすることにより、客観的に眺められるようになります。また、紙に書くことによって、その時点の考えを記録することができるのです。

　したがって、ここでは目標を頭の中ではなく、外部に文書としてアウトプットする方法を解説します。

　ここで「目標シート」の書式を紹介します。ぜひ活用して実際に記入しましょう。

　書き方の例は［3つの事例］の事例1〜3で紹介（次のページ）していきます。

事例１：家族でハワイ　目標シート

目標名	家族でハワイに行く
WHY（真のニーズ）	家族の時間を過ごす
WHAT（最終成果物）	家族で同じ時間を過ごし、同じ感動を得る
WHEN（期日）	来年８月末まで
成功の判断基準（完了基準）	家族全員の満足感
メモ	

事例２：FP資格取得　目標シート

目標名	FPの資格をとる
WHY（真のニーズ）	職場で活躍したい
WHAT（最終成果物）	FPの資格
WHEN（期日）	3年以内
成功の判断基準（完了基準）	資格取得（試験合格）
メモ	

事例３：田舎暮らし　目標シート

目標名	55歳で早期退職し、八ヶ岳で田舎暮らしをする
WHY（真のニーズ）	田舎でのんびり暮らしたい
WHAT（最終成果物）	八ヶ岳ののんびりした地区にある古民家
WHEN（期日）	2025年末までに
成功の判断基準（完了基準）	田舎暮らしの開始
メモ	

【実習】ステップ1

目標を明確にする

このステップのまとめとして、自分の目標を「目標シート」に整理しましょう。この演習を通して、自分の目標が、より明確にイメージできるようになると思います。

この目標シートは、時間の経過に伴い、修正・追加しながら、熟成していくものですので、今の時点での整理をしてもらえれば十分です。それでは作成していってください。

目標シート

目標名	
WHY（真のニーズ）	
WHAT（最終成果物）	
WHEN（期日）	
成功の判断基準（完了基準）	
メモ	

必要な作業を明確にする

ステップ1で目標を明確にしました。ステップ2では、その目標を達成するために必要な作業を解説していきます。

大きな物事（目標）を実行・達成するために、具体的に実行可能な小さな作業に分解し、1つ1つの作業を確実に達成していくというのは、ある意味「勝利の方程式」です。

大きな山に登るにも、最初の一歩を踏み出さなくては登ることはできません。そして、一歩一歩は、実行しやすい大きさであるほど望ましいのです。

実行可能な大きさの作業に分解する

では、各作業はどのような大きさが適切でしょうか。私がおすすめするのは、**1週間で完了できるサイズ**です。それより小さくても構いませんが、作業の数が多くなりすぎて管理することが大変にならないように注意する必要があります。

1週間という単位は扱いやすいものです。月曜日から金曜日まで仕事（または学校）が続き、土、日曜日と比較的自由になるプライベートな時間が訪れます。したがって、週の初めの日曜日に計画を立て、週末の土曜日に振り返るというのがやりやすいと思います。

また、１週間ごとに作業が完了し、達成感や満足感を得られることはうれしいものです。目標の達成に向かって、一歩一歩進んでいることを実感できるからです。

◎ トップダウンで作業を分解する

　マニュアル化などしていない、いわゆる「体で作業手順を覚えているような仕事」の作業を手順ごとに分解する場合、頭に浮かぶ１つ１つの小さな作業をやみくもに列挙しがちです。このようなやり方をボトムアップ・アプローチと呼びます。このやり方には、漏れやダブりが発生しやすいというデメリットがあります。

　そこで、本書では、**トップダウン・アプローチ**をおすすめします。トップダウン・アプローチでは、**目標をまず大きく分解し、次にそれぞれをさらに細かく分解**……と続けていきます。こうすることによって、漏れやダブりが発生しにくくなります。目標自体は、ステップ１で明確にしています。

　分解する方法として、ここではWBSを使います。WBS（Work Breakdown Structure）とは、作業分解図とも呼ばれ、プロジェクトの完成に必要なすべての作業を段階的に示した系統図になります。
　［３つの事例］の事例１（家族でハワイ）を例にして具体的に説明しましょう。

事例1 **家族でハワイ**

①ステップ１で作成した「家族でハワイに行く」という目標
を、まず「事前調査」、「準備」、「旅行前日」、「現地」、「帰国」
と大きく分解します。（次ページ WBS ①）

②「事前調査」はさらに「休暇取得可能日を確認する」「ハワ
イに関する資料を集める」の２つに分解します。「準備」は
「旅行ツアーを予約する」「レンタカーを予約する」「休暇届を
出す」の３つに分解します。このように、大きく分解したもの
を、実行可能な大きさの作業へと分解していくのです。（次
ページ WBS ②）

　万一、作業の漏れが発生していても、後で説明するステップ
４の段階でチェックしていくので、このステップ２のことろで
心配する必要はありません。ここで几帳面・神経質になりすぎ
ると収拾がつかなくなる危険性があるので、「ざっくり」を意識
して、トップダウンで分解していくことをおすすめします。

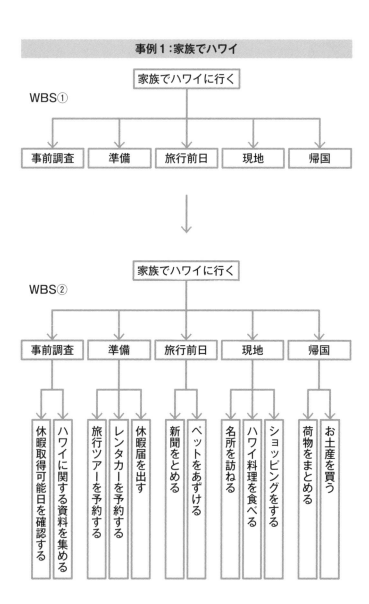

事例1：家族でハワイ

WBS①

家族でハワイに行く

| 事前調査 | 準備 | 旅行前日 | 現地 | 帰国 |

WBS②

家族でハワイに行く

| 事前調査 | 準備 | 旅行前日 | 現地 | 帰国 |

- 事前調査
  - 休暇取得可能日を確認する
  - ハワイに関する資料を集める
- 準備
  - 旅行ツアーを予約する
  - レンタカーを予約する
  - 休暇届を出す
- 旅行前日
  - 新聞をとめる
  - ペットをあずける
- 現地
  - 名所を訪ねる
  - ハワイ料理を食べる
  - ショッピングをする
- 帰国
  - 荷物をまとめる
  - お土産を買う

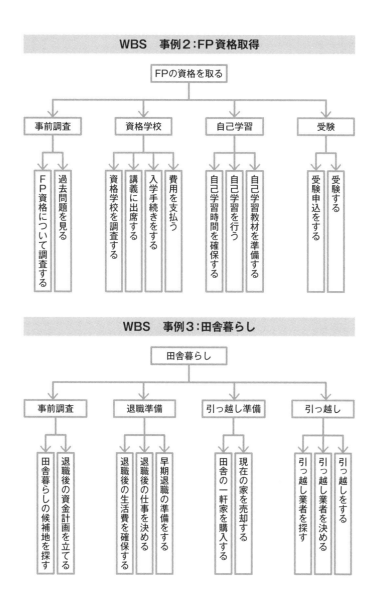

WBS　事例２：FP資格取得

FPの資格を取る

事前調査
- FP資格について調査する
- 過去問題を見る

資格学校
- 資格学校を調査する
- 講義に出席する
- 入学手続きをする
- 費用を支払う

自己学習
- 自己学習時間を確保する
- 自己学習を行う
- 自己学習教材を準備する

受験
- 受験申込をする
- 受験する

WBS　事例３：田舎暮らし

田舎暮らし

事前調査
- 田舎暮らしの候補地を探す
- 退職後の資金計画を立てる

退職準備
- 退職後の生活費を確保する
- 退職後の仕事を決める
- 早期退職の準備をする

引っ越し準備
- 田舎の一軒家を購入する
- 現在の家を売却する

引っ越し
- 引っ越し業者を探す
- 引っ越し業者を決める
- 引っ越しをする

作業一覧表を作成する

　目標を具体的な1つ1つの作業に分解した後は、作業一覧表で整理しましょう。この作業一覧表の作成の目的は、目標を達成するために必要な作業を確実に洗い出すことです。

　作業一覧表の作成では、次のポイントを整理する必要があります。

作業一覧表

No	作業	成果物	完了基準	所要時間	期限	担当者	実績	コメント
1								
2								
3								
4								
5								
6								
7								
8								
9								
10								
11								
12								

❶ 成果物

作業を完了したときに生み出されている物事のことです。

各作業は、目標の達成に必要な要素を生み出すために実行します。例えば、「休暇届けを出す」のは、ハワイに行く時間を確保するという成果物を生み出すためであり、「ペットをあずける」のは、旅行中のペットの生活を確保するという成果物を生み出します。

成果物はすべての作業に存在します。そして成果物は、ステップ4（後述）で作業の順序を考えるために不可欠ですので、ここで必ず明らかにしなければなりません。

また、成果物を明確にすれば、その作業をする意味が明確になってきます。意味のないことには、誰も情熱を燃やせません。穴を掘らせ、掘り終わったらそれを埋めさせ、また、同じ場所に穴を掘らせるといったような意味のない作業の繰り返しは、苦痛以外のなにものでもなく、この苦行が極刑に用いられたとの話もあるぐらいです。

逆に、自分の作業にはきちんとした意味・理由が存在し、目標達成に貢献するという実感があれば、これほど、やりがいのあるものはないでしょう。ステップ2における作業は、私たちの目標をもとに分解してきましたので、必ず目標達成に結びついている、やりがいのあるものなのです。

❷ 作業の完了基準

具体的にどのような状態になったら完了とみなすかを考えま

す。完了基準が具体的で明確になっていないと、作業を終える
ことができなくなってしまいます。

　例えば「素晴らしいプレゼン用のスライドを作る」という作
業の場合、あなたは、どこまで作業すれば完了としますか？「期
限がきたとき」という回答は、回答にはなっていません。「期限
がきたとき」というのは、完了基準ではなく、単なる期限だか
らです。

❸ 期限

　期限に苦しめられた経験は誰にでもあると思います。しかし
ながら、**期限があるからこそ実施できる**という側面もあります。
期限を明確にせずに、「いつか」と言ったそのときから、今日は
やらなくてよいとなりやすいのです。期限がはっきりしていれ
ばこそ、いずれ期限が近づき、必ずやることになるのです。

❹ 担当者

　自分の目標における大半の作業担当者は、もちろん自分自身
でしょう。しかし、すべての作業を自分で抱え込む必要がある
とは限りません。場合によっては、他人に任せることを考えて
みましょう。

　担当者については、後のステップ3でさらに詳しく見ていく
ことにします。

❺ 実績

　作業を完了した日付を記録します。

❻ コメント

作業について何か気づいたことなどがあれば、記入します。

［３つの事例］の事例１～３の作業分解図（WBS）で分解された作業などを、作業一覧表に記入します。記入例は以下の事例１～３の作業一覧表を参考にしてみてください。

作業一覧表　事例１：家族でハワイ

No	作業	成果物	完了基準	所要時間	期限	担当者	実績	コメント
1	休暇取得可能日を確認する	休暇取得可能日	10日間の休暇が確保できる					
2	ハワイに関する資料を集める	ハワイに関する資料	5冊以上のガイドブックを入手する					
3	旅行ツアーを予約する	ツアーの予約	40万円以下のツアーを予約する					
4	レンタカーを予約する	レンタカーの予約	4ドア3日間のレンタルができる					
5	休暇届を出す	確定した休暇日程	休暇が許可される					
6	新聞をとめる	留守の期間は新聞がとまる	旅行中に新聞がポストに溜まらない					
7	ペットをあずける	旅行中のペットの生活	安心してあずけられる					
8	名所を訪ねる	名所訪問	名所で家族記念撮影をする					
9	ハワイ料理を食べる	ハワイ料理	日本では食べられない料理を堪能する					
10	ショッピングをする	ショッピング	家族がほしいものを購入する					
11	荷物をまとめる	帰国準備ができた状態	荷物がすべてカバンに入る					
12	お土産を買う	お土産	対象者分のお土産を購入する					

作業一覧表　事例2:FP資格取得

No	作業	成果物	完了基準	所要時間	期限	担当者	実績	コメント
1	FPの資格について調査する	FP資格に関する資料	FP資格が詳細にわかる資料の入手					
2	過去問題を見る	過去問題のイメージ	過去問題の概要が把握できる					
3	資格学校を調査する	資格学校パンフレット	どの学校がよいか判断できる資料の入手					
4	入学手続きをする	入学手続き	入学手続きの完了					
5	費用を支払う	費用支払い	費用を支払う					
6	講義に出席する	講義内容の理解	確認問題が解ける					
7	自己学習時間を確保する	確保された学習時間	週20時間の学習時間の確保					
8	自己学習教材を準備する	自己学習教材	教材を購入済					
9	自己学習を行う	知識の習得	講義の復習が確実に実施される					
10	受験申込みをする	受験票	受験手続の完了					
11	受験する	受験結果	FP試験合格					
12								

作業一覧表　事例3:田舎暮らし

No	作業	成果物	完了基準	所要時間	期限	担当者	実績	コメント
1	田舎暮らしの候補地を探す	候補地	3000万円で購入可能で満足できる候補地が見つかる					
2	退職後の資金計画を立てる	資金計画	実現可能な資金計画が作成される					
3	退職後の生活費を確保する	生活費	90歳まで生活できる金額が確保できる					
4	早期退職後の準備をする	早期退職できる状態	5年後に円満退職できるようになる					
5	退職後の仕事を決める	仕事	年収300万円が確保できる仕事が見つかる					
6	田舎の一軒家を購入する	一軒家	一軒家が購入される					
7	現在の家を売却する	家の売却	2000万円以上で家を売却する					
8	引っ越し業者を探す	候補業者	複数の候補業者の見積りを入手する					
9	引っ越し業者を決める	引っ越し業者	最適な業者が決まる					
10	引っ越しをする	引っ越しが終わった状態	すぐに居住が可能になる					
11								
12								

［実習］ステップ 2

●●

必要な作業を明確にする

　ステップ2のまとめとして、自分の目標を「作業一覧表」に
分解してみましょう。ここでは、自分の目標を、具体的かつ実
行可能な一つ一つの作業に分解していきます。それにより、目
標を達成するために、何をすればよいかということが、より明
確にイメージできるようになるでしょう。

　「作業一覧表」を作成する目的は、目標達成に必要なすべての
作業を確実に把握することです。

作業一覧表

No	作業	成果物	完了基準	所要時間	期限	担当者	実績	コメント
1								
2								
3								
4								
5								
6								
7								
8								
9								
10								
11								
12								

作業の役割と所要時間を考える

個々の作業を自分で行うのか他人に任せるのか、作業の役割分担を考えます。他人に任せるためには、事前によい人間関係が構築されていなければなりません。どのようにして構築していくか、どのようにメンテナンスするかも重要な課題です。

また、作業ごとの所要時間の見積りにも触れます。

役割分担を明確にする

作業は2つに大別されます。自分自身でしかできない作業と、他人に任せられる作業です。他人に任せられる作業も自分だけでやろうとすると、時間がいくらあっても足りません。

また、自分でやるよりも他人に任せた方が早くできる場合もあれば、より質の高い結果が期待できる場合もあるでしょう。**したがって、作業の特性を確認して作業の役割分担を判断することが重要**なのです。

ここで大切なことは、作業を任せられる人が実際にいるかということです。ビジネス上の作業なら、業務遂行上、役割分担が明確であり、他人に作業を任せることに苦労することはないかもしれません。しかし、自分の目標を達成するという場面で

は、よい人間関係が構築されていなければ、他人に作業を任せる、あるいは、依頼するということはかなり難しいでしょう。

こうした関係の構築に必要なことは、WIN-WIN（ウィン - ウィン）の関係を築くことです。そのためには、常に周りの人と情報交換、意見交換というコミュニケーションを取り、お互いに目指しているもの、お互いに協力できる作業などを明確にしておく必要があります。

そして、自分の目標達成のためには、そのような**パートナーシップを多くの人と結んでおくこと**が近道なのです。

◎ 自分でするのか他人に任せるのか決める

WIN-WIN の関係が築かれている前提で、作業ごとに自分でするのか他人に任せるのかを決めていきます。

ここで考慮しなくてはならないのは、**他人に任せた作業の管理はなかなか難しい**ということです。ビジネス上の作業でない場合は、特にその傾向が強いでしょう。

私の経験では、自分でする作業の２倍程度の所要期間が必要になると思っています。そして、半分の時間が経過したところで、確認の連絡を入れるのがポイントです。

「そこまでして、他人に任せるのか？」という声が聞こえてきそうですが、そこは考え方の問題。自分の目標であるから、自分で時間と負荷をかけること自体も楽しみととらえるか、他人との協力関係を楽しみながら目標を達成することを選択するかは、あなた自身が決めることです。

作業を行うためには、いろいろなものが必要になります。な
かでも特に重要なことが次の2つです。

① スキル（その作業を実施するためのスキル）
② 所要時間

　スキルについては、次のようなアプローチをしていくことが
大切です。作業に必要とされるスキルと現在の自分の保有スキ
ルを比較し、保有スキルが上回っていれば、特に考慮すべきこ
とはないでしょう。保有スキルが低ければ、保有スキルを高め
る作業を追加するか、他人の助けを借りる必要があります。
　例えば「世界を一周して、いろいろな国の人と交流する」と
いう目標で考えてみましょう。ここで、「英語で会話する」とい
う作業があり、この作業に必要なスキルは、TOEIC 800点以上
の英会話能力とします。
　もし、ここで、あなたのTOEICのスコアが800点以上なら
問題はないですが、500点なら英会話スクールに通うという作
業を追加するか、さもなければ通訳を雇うなど、誰かに任せな
くてはなりません。

作業の所要時間を見積る

　突然ですが、あなたが百人一首を暗記するのには、どのくら
いの時間が必要でしょうか？　根性と気合いで1週間？　1カ
月間ぐらいでしょうか？　1日1首暗記で100日間？　それと

も、一生無理 !?……。

最終的には、「必要性」と「やる気」次第かもしれませんが、ここでは、どちらもあるとしましょう。なぜならば、私たちがぜひとも達成したい目標を実現するための作業だからです。

では、作業の所要時間はどのように見積ればよいでしょうか。本書では、次のような方法で、作業の所要時間を見積っていきます。

① 最もできそうな所要時間を考える
　→ 百人一首なら1カ月（30日）
② 最悪の場合、最良の場合（無理した場合）を考える
　→ 最悪でも1日1個で100日、無理をすれば1日5個で20日
③ これら3つの数値を使用して、次の計算をする
　→ 推定所要時間＝（最悪値＋最頻値×4＋最善値）÷6
　→（20 + 30 × 4 + 100）÷ 6 = 40日

つまり、百人一首の暗記時間は「40日間」として見積れます（この方法を専門的には PERT 見積りと呼びます）。

ステップ2で作成した [3つの事例] の事例1〜3の作業一覧表に、見積った所要時間を記入してみました（次ページ）。参考にしてみましょう。

作業一覧表（所要時間記入）　事例１：家族でハワイ

No	作業	成果物	完了基準	所要時間	期限	担当者	実績	コメント
1	休暇取得可能日を確認する	休暇取得可能日	10日間の休暇が確保できる	1日				
2	ハワイに関する資料を集める	ハワイに関する資料	5冊以上のガイドブックを入手する	3日				
3	旅行ツアーを予約する	ツアーの予約	40万円以下のツアーを予約する	2日				
4	レンタカーを予約する	レンタカーの予約	4ドア3日間のレンタルができる	1日				
5	休暇届を出す	確定した休暇日程	休暇が許可される	1日				
6	新聞をとめる	留守の期間は新聞がとまる	旅行中に新聞がポストに溜まらない	1日				
7	ペットをあずける	旅行中のペットの生活	安心してあずけられる	3日				
8	名所を訪ねる	名所訪問	名所で家族記念撮影をする	2日				
9	ハワイ料理を食べる	ハワイ料理	日本では食べられない料理を堪能する	1日				
10	ショッピングをする	ショッピング	家族がほしいものを購入する	2日				
11	荷物をまとめる	帰国準備ができた状態	荷物がすべてカバンに入る	1日				
12	お土産を買う	お土産	対象者分のお土産を購入する	2日				

作業一覧表（所要時間記入）　事例２：FP資格取得

No	作業	成果物	完了基準	所要時間	期限	担当者	実績	コメント
1	FPの資格について調査する	FP資格に関する資料	FP資格が詳細にわかる資料の入手	1週間				
2	過去問題を見る	過去問題のイメージ	過去問題の概要が把握できる	1週間				
3	資格学校を調査する	資格学校パンフレット	どの学校がよいか判断できる資料の入手	1週間				
4	入学手続きをする	入学手続き	入学手続きの完了	1週間				
5	費用を支払う	費用支払い	費用を支払う	1週間				
6	講義に出席する	講義内容の理解	確認問題が解ける	15週間				
7	自己学習時間を確保する	確保された学習時間	週20時間の学習時間の確保	1週間				
8	自己学習教材を準備する	自己学習教材	教材を購入済	2週間				
9	自己学習を行う	知識の習得	講義の復習が確実に実施される	30週間				
10	受験申込みをする	受験票	受験手続の完了	1週間				
11	受験する	受験結果	FP試験合格	1週間				
12								

作業一覧表（所要時間記入）　事例３：田舎暮らし

No	作業	成果物	完了基準	所要時間	期限	担当者	実績	コメント
1	田舎暮らしの候補地を探す	候補地	3000万円で購入可能で満足できる候補地が見つかる	3カ月				
2	退職後の資金計画を立てる	資金計画	実現可能な資金計画が作成される	1カ月				
3	退職後の生活費を確保する	生活費	90歳まで生活できる金額が確保できる	12カ月				
4	早期退職後の準備をする	早期退職できる状態	5年後に円満退職できるようになる	48カ月				
5	退職後の仕事を決める	仕事	年収300万円が確保できる仕事が見つかる	3カ月				
6	田舎の一軒家を購入する	一軒家	一軒家が購入される	6カ月				
7	現在の家を売却する	家の売却	2000万円以上で家を売却する	3カ月				
8	引っ越し業者を探す	候補業者	複数の候補業者の見積りを入手する	1カ月				
9	引っ越し業者を決める	引っ越し業者	最適な業者が決まる	1カ月				
10	引っ越しをする	引っ越しが終わった状態	すぐに居住が可能になる	1カ月				
11								
12								

［実習］ステップ３

作業の役割と所要時間を考える

　ステップ３のまとめとして、ステップ２で作成した「作業一覧表」の１つ１つの作業について、事例１～３のように所要時間を見積り、表に記入してみましょう。

　この作業は、目標達成のために全体としてどれだけの期間が必要かを把握するための基礎の数値となります。

作業の依存関係を調べ、クリティカル・パスを明確にする

STEP 4

ステップ4では、まず作業の依存関係を明確にします。その後で、作業を実行する順序につないだネットワーク図を作成し、個々の作業をどのような順序で実施すればよいかを明確にして、全体を**見える化**していきます。さらに、「クリティカル・パス」という考え方を導入して、目標達成にどの程度の期間が必要なのかを明らかにします。この「クリティカル・パス」の考え方は、実行する作業間の優先順位づけ等にも活用できます。

作業の依存関係を明確にする

作業の依存関係を明確にするために、次の手順で進めていきましょう。

①各作業の成果物を確認する
②ある作業について、その作業に必要となるインプットを成果物（アウトプット）とする作業は何かを明確にする

例えば、「食事をする」という作業を実行するためには、料理がなければなりません。つまり、料理がインプットなのです。この場合は、「料理を作る」という先行作業があり、そこで作ら

れた（アウトプットされた）料理をインプットにして、「食事を
する」という作業が実行されます。

③先行作業を明確にした後、後続作業を明確にしていく

　この作業の成果物（アウトプット）を必要としている、すな
わちインプットとしている作業は何かを明確にします。例えば、
「食事をする」という作業の成果物（アウトプット）は、汚れた
食器類であり、それをインプットにしている作業は「後片付け」
です。
　こうして明確になった**作業間の関係を、依存関係と呼びます。**

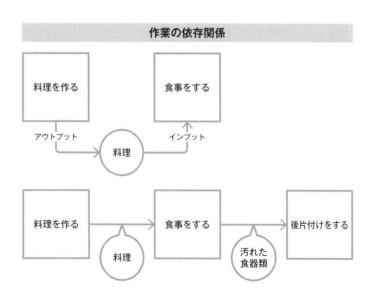

作業の依存関係

ネットワーク図を作成する

　作業間の依存関係（順序）が明確になったので、いよいよネットワーク図を作成しましょう。

　ネットワーク図とは、**それぞれの作業を、論理的な依存関係に基づいて順番につないだ図**のことです。どのような順序で個々の作業を実施すればよいかを明確にし、全体を「見える化」しています。ネットワーク図により、目標達成までの具体的な道のりが明らかになるのです。

ネットワーク図作成手順

　最初に実行すべき作業を決めます。

　次に、その作業の成果物をインプットにしている後続作業を探します。これを繰り返すことにより、ネットワーク図が完成していきます。

　その後、完成したネットワーク図に、モレやムダがないか検証することが大切です。その際、最終の作業から、この作業を実施するためには先行作業の成果物（インプット）だけで問題ないか、他に必要なものは何かとチェックしていきます。

　もし、足りない成果物（インプット）が見つかったならば、その成果物を作成している作業が必要であり、抜けていたということです。

　この**「後ろからのチェック」を行うことにより、ネットワー**

ク図はしっかりしたものとなります。

　それでは、詳細に見ていきましょう。模造紙と付箋、あるいは作図用ソフトを活用して、実際に手を動かしながら進めていくことをおすすめします。

❶ ネットワーク図の作成（前からのチェック）

　まず、作業一覧表（ステップ2で作成）のすべての作業を、一つずつ付箋に書き出します。そして、最初に取り組むべき作業を選び出して、模造紙の左端に貼りつけます。

　次に、その作業の成果物に着目し、その成果物を使用する作業（後続作業）を選び出して、最初の作業のすぐ右側に貼ります。これを繰り返し、最終作業までを貼りだしたら、先行作業から後続作業までを矢印で結びます。

　こうして、ネットワーク図が出来上がります。

❷ ネットワーク図の検証（後ろからのチェック）

　ネットワーク図が出来上がったら、そのネットワーク図が確実なものかどうかを検証していきます。

　まず、ネットワーク図の全体を見渡して、そこにある作業のすべてが完了したときには、自分の目標が本当に達成されるかを考えてみましょう。具体的には、ステップ1で作成した「目標シート」と照らし合わせ、WHY（真のニーズ）、WHAT（最終成果物）、成功の判断基準が満たされているかを確認すること

になります。

　万が一、そのうちの何かが満たされていない場合は、漏れている作業を見つけだし、追加することになります。

　次に、ネットワーク図の最終作業に着目します。この作業をするためには、先行作業の成果物があれば大丈夫か確認していていきます。この際に、漏れている作業や必要のないムダな作業が発見されることもあり得ます。漏れている作業は追加し、ムダな作業は削除することは言うまでもありません。

　このように、最終の作業から最初の作業まで遡りながら、漏れ、ムダを確認し、すべてが OK なら、このネットワーク図は確実なものとみなすことができるでしょう。目標の実現への道のりを**見える化**したネットワーク図の完成です。

　［３つの事例］の事例１～３のそれぞれのネットワーク図を作成しています(次ページ)。ネットトーク図作成の参考にしてみてください。

ネットワーク図　事例1：家族でハワイ

開始 → 休暇取得可能日を確認する → 休暇届を出す

開始 → ハワイに関する資料を集める → 旅行ツアーを予約する → 飛行機に乗る → ショッピングをする

飛行機に乗る → 荷物をまとめる → 終了

旅行ツアーを予約する → ペットをあずける

旅行ツアーを予約する → レンタカーを予約する → お土産を買う

新聞をとめる → ハワイ料理を食べる

名所を訪ねる

ネットワーク図　事例2：FP資格取得

自己学習教材を準備する

過去問題を見る

自己学習時間を確保する → 自己学習を行う

開始

受験申込をする

FP資格について調査する → 資格学校を調査する → 入学手続きをする → 費用を払う → 講義に出席する → 受験する → 終了

ネットワーク図　事例3：田舎暮らし

現在の家を売却する

田舎暮らしの候補地を探す → 田舎の一軒家を購入する

開始

引っ越し業者を探す → 引っ越し業者を決める → 引っ越しをする → 終了

退職後の資金計画を立てる → 退職後の生活費を確保する → 退職後の仕事を決める → 早期退職の準備をする

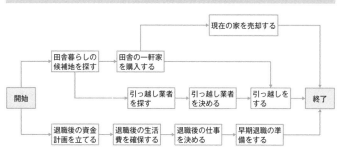

クリティカル・パスという考え方

　これから、家族でディナーに出かけるところだとしましょう。出かける準備に、夫は 10 分、妻は 20 分、娘は 15 分かかるとしましょう。すると、出発は 20 分後となります。夫と娘が早く準備が終わっても、妻が 20 分かかりますので、彼女を置いていくわけにはいかないからです。したがって、この 3 人家族の出かける準備には全体として 20 分かかることになります。これがクリティカル・パスという考え方です。

◎ 最早・最遅と人間の行動特性

　3 人家族の外出準備の話を続けましょう。

　夫は、長年連れ添ってきた妻のことは熟知しており、準備に 20 分かかることは先刻承知でした。そのため、妻が準備を始めて 10 分過ぎるまでは、別のこと（例えば、スマホでネットサーフィン等）をしていました。彼は 10 分あれば準備ができるからです。このギリギリになってから開始することを「最遅開始」と呼びます。

　読者のみなさんの中に、次のような考え方をする人はいないでしょうか？

「所要時間が 2 日間の仕事の締め切りは金曜日で、今日は月曜日、まだまだ手はつけなくてもよいだろう。木曜日に着手すれば、十分に間に合うはずだ」

　これは人間のよくある行動特性の 1 つです。しかし、思い出

してほしいのです。**そんなときにこそ突発事項が起き、結果的に納期が間に合わなくなってしまう**のです。顧客からの突然の依頼、上司からの指示、トラブル発生などです。これは**マーフィーの法則**としてよく知られている状況です。

マーフィーの法則：突然の問題は、最も起きてほしくないときに発生する！

先ほどの夫の例に戻りましょう。

彼が、10 分後にスマホを手放したその瞬間に、手からこぼして床に落としてしまわないかと、誰が保証できるでしょう？そして、20 分かけて準備を終えた妻から「いつまでスマホ見ているのよ！」という罵声を浴びせられないと誰が言えるでしょうか？

一方、しっかり者の娘はすぐに準備を始めて 15 分後に準備完了になりました。この娘の行動は「最早開始」と呼ばれています。

ここまでを整理しましょう。

【クリティカル・パス】準備に一番時間がかかる妻の準備作業および時間を、クリティカル・パスと呼びます。なぜ、クリティカル（最重要）かといえば、妻の作業の時間が、3 人家族全体に必要な時間であり、彼女の作業が遅れると家族全体のスケジュールが遅れることになるからです。

【最早】娘は「すぐに」準備にとりかかり、15 分後に完了しま

した。これを最早開始・最早終了と呼びます。

【最遅】 夫は妻の様子を考慮し、ぎりぎりで間に合えばよいと考え、「ぎりぎりに」準備を開始しました。これを最遅開始・最遅終了と呼びます。

【人間の行動特性】 私たちは一般的に、時間的に余裕があると、何か別のことを行い、ぎりぎりになってから着手する傾向があります。子どもたちの夏休みの宿題に多く見られます。

◉ 重点管理すべきは

ここでは3人家族の例で、クリティカル・パスについて説明してきました。

ネットワーク図で、最初の作業から最後の作業までをつないだ経路（パス）の中で、作業の合計時間が最も長いものがクリティカル・パスということになります。

このクリティカル・パスの時間が、目標達成に必要な最低限の時間になります。そして、クリティカル・パス上の作業が遅れると、目標の達成もそれだけ遅れることになるのです。

したがって、**クリティカル・パス上の作業を重点管理**することによって、目標を期日までに達成することが可能になるのです。

［3つの事例］の事例1〜3のネットワーク図に所要時間を記入してみます。事例1（家族でハワイ）の所要時間は1日単位の数字、事例2（FP資格取得）は週単位、事例3（田舎暮らし）は月（カ月）単位の数字になります。

クリティカル・パス　事例１：家族でハワイ

クリティカル・パス　事例２：FP資格取得

クリティカル・パス　事例３：田舎暮らし

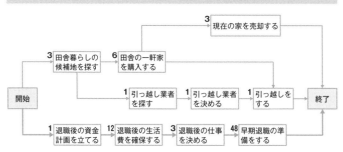

［実習］ステップ 4

作業の依存関係を調べ、クリティカル・パスを明確にする

　ステップ4のまとめとして、作業のネットワーク図を作成しましょう。ネットワーク図を作成することにより、どの作業の流れがクリティカル・パスなのかが明確になります。このクリティカル・パス上の作業を重点管理することにより、目標を期日までに達成することが可能になるのです。

計画を作成する

> ステップ5では、日付の入った計画表を作成していきます。具体的には「ガント・チャート」というものを使用します。目標を日付の入った計画表という形で**見える化**すれば、後はその通りに、一歩一歩進めていくだけになります。

ガント・チャートを作成する

　ステップ4では、作業の間の依存関係を明確にし、ネットワーク図を作成しました。

　ここでは、ネットワーク図に基づいて、ガント・チャートを作成します。ガント・チャートの作成は決して難しいものではありません。ガント・チャートを作成してくれるソフトも数多く存在しています。それらを活用するのも賢いやり方です。

◎ ガント・チャートの作成手順

① ネットワーク図のクリティカル・パス上の作業を順番にガント・チャートに書き込む

② クリティカル・パス以外のつながっている一連の作業をガント・チャートに書き込む

③ クリティカル・パス以外の作業のフロートをガント・チャートに書き込む（フロートについては後述します）

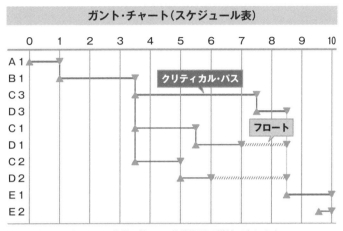

ガント・チャート(スケジュール表)

	0	1	2	3	4	5	6	7	8	9	10
A 1											
B 1											
C 3											
D 3											
C 1											
D 1											
C 2											
D 2											
E 1											
E 2											

- △は作業の開始日、▽は作業の終了日、作業期間は横線で表します。
- 太い線はクリティカル・パス(CP)の作業です。
- ////////// はフロートを表しています。

◎ 作業の見える化

　ガント・チャートを作成することにより、すべての作業が一覧になり、どの作業をいつすればいいのかがわかるようになり、**作業の見える化**が行われます。ガント・チャートでは次のことが明確になります。

- 作業の全体像
- どの部分の一連の作業の流れ（経路）がクリティカル・パスになっているか
- どの作業に時間的な余裕があるか（この時間的な余裕を「フロート」と呼びます）

- 現時点でどの作業を優先すべきか
- この作業は遅延しても大丈夫か

　ステップ 4 ではいまひとつわかりにくかったクリティカル・パスの意味が、ここではビジュアル的に理解できるでしょう。

　いくつかの作業を同じ時期に並行して実行する場合には、優先しなければならないもの（クリティカル・パス上の作業）と時間的に余裕があるもの（クリティカル・パス以外の作業）が存在します。**並行する作業の優先順位は、自分の好みで決めるべきものではない**ことがわかるでしょう。

　また、ある作業がうまくいかないとき、そのことが気になるあまり、その作業にかかりきりになる傾向がありますが、時間的な観点からは、それが必ずしも正解ではないことがわかります。

　前掲したガント・チャートの図を見てみましょう。
　作業 C1 がうまくいっていないとしても、時間軸 5 の時点で優先して取り組むべき作業は作業 C3 です。これは、すべての作業が見える化されているからこそわかることです。
　誰にとっても、見えないものは理解しにくく、見えるものは理解しやすいのです。「百聞は一見に如かず」です。頭の中にあるものは、紙に書き出してみると整理しやすく、考えやすいものです。

また、見える化されていれば、他人がチェックできます。WIN-WINの関係の人から、アドバイスももらいやすくなるでしょう。そして、目標の成功確率ももちろん向上することでしょう。

　ただし、作業の見える化は、いいことずくめではありません。注意すべき点があります。
　クリティカル・パス以外の作業には時間的な余裕（フロート）があることが見えているので、それを目ざとく見つけると、作業の開始・完了を、その必要がないにもかかわらず先延ばしにする危険性が出てくるのです。
　フロートというのは、あくまでもいざというときのための、いわば"へそくり"のようなものといえます。別の言い方をすれば、突発事項を吸収するショックアブソーバー（振動を減衰する装置）のようなものでもあるのです。

[実習] ステップ 5

計画を作成する

　ステップ5のまとめとして、目標を達成するための日付の入った計画表として、ガント・チャートを作成してみましょう。

　具体的な日付の入った計画表という形で、目標を「見える化」すれば、あとはその通りに一歩一歩進めていくだけです。

ガント・チャート（記入用テンプレート）

STEP 6 負荷を考える

　作業の数が多くなると、すべての作業を同じ期間に行うことは不可能です。また、誰もが日々、目標達成のための作業だけではなく、他の仕事や家庭の用事など、いろいろな作業を実施しています。そのことも考慮し、自分の作業負荷をならすことも考える必要が出てきます。さもないと、業務過多となって燃え尽きてしまったり、仕事のやり残し（積み残し）が出てくるかもしれません。ここではパラダイム・シフト（発想の転換）を行い、あえてできるだけ遅く作業を開始する（最遅開始）という方法も紹介していきます。

　さらに、ストレス・マネジメントにも触れます。

マルチ・タスキングに対する考え方

　複数の作業を並行して実行することをマルチ・タスキングと言います。「掛け持ち」「ながら作業」のことです。

　しかし、1人の人間が同時に2つ以上の作業を行うことは、厳密にはできません。ここでは短い間隔で複数の作業を切り替えながらこなす状態を、マルチ・タスキングと呼びます。

　例えば、「テレビを見ながら勉強する」ということは厳密には、「テレビを見る」と「勉強する」を瞬時に切り替えながら実

行していることになっているはずです。

この場合、全体の作業効率は低下します。なぜなら、作業を切り替えるときには、「片付け作業」と「段取り作業」が必要になるからです。

このことは、パソコンで試してみればすぐにわかるでしょう。デスクトップパソコン（机上など）である作業をしているときに、場所を移動しなければならなくなったとします。このときには、パソコンを電源オフにするための「終了処理（片付け作業）」の時間がかかり、さらに場所を移動後に電源をオンにするために「立上げ処理（段取り作業）」の時間がかかります。

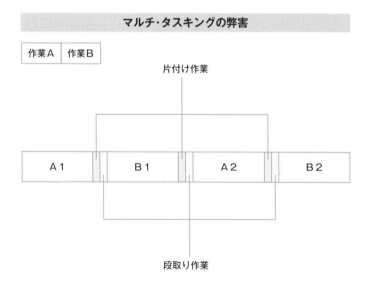

マルチ・タスキングの弊害

| 作業A | 作業B |

95

仕事（作業等）に集中しているときに、突然の電話や訪問客で作業を中断され、後からその作業を再開するときに改めて集中するまでに時間がかかった経験はないでしょうか？

　このように、仕事の中断・再開時には、取り組むために集中しようとする余計な時間（オーバーヘッドと呼びます）が、必ず発生します。したがって、一時点では１つの作業に集中し、区切りがよいところまで継続することが望ましいのです。もちろん、このオーバーヘッドというデメリットを理解した上で、気分転換のために切り替えすることは、必ずしも悪いことではないとも思います。

負荷をならす

　負荷がかかりすぎた状態で作業をすると、人はミスをしやすくなったり、感情が不安定になったりすることがあります。普段は温厚な性格なのに、高負荷状態、つまりピーク時になると、性格が変わってしまう人がみなさんの周りにいないでしょうか？　人間ばかりでなく、パソコンでも、高負荷状態が長時間続くと、発熱し、最悪の場合、システムが暴走してしまうこともあります。

　したがって、高負荷状態が長く続かないように、負荷をならし、コントロールすることは、精神的にも作業を効率的に進めるためにも大切なことなのです。高負荷状態になるとランナーズ・ハイになってしまう、いわゆる「仕事中毒」の人も、まれに存在しないわけではありませんが、長期的には決して望まし

い状況とは言えないでしょう。

　負荷をならすには、作業のフロート（時間的な余裕）をうまく活用することです。クリティカル・パス以外の作業にはフロートがあることは、すでに見てきた通りです。作業は最早開始が望ましいことも見てきました。にもかかわらず、ここでは、パラダイム・シフトをして、作業の開始をわざと遅らせようという姿勢をとるのです。人生の達人は、すでにこのことを行っているかもしれません。

　例えば、「今日は作業負荷が大きい（遅くまでの残業になっている）から、この作業 A が終わったら帰ろう。計画では作業 B に着手することになっているが、この作業 B はフロート（締め切り期日までの余裕）があるから、無理して、今日することはない」と、対処するのです。

　これが、フロートを使って負荷をならすということです。もし「当たり前だろ！」と感じたあなたは、人生の達人かもしれませんね。

◉ ストレス・マネジメントのポイント

　ここで、ストレス・マネジメントのポイントについても、少し触れておきましょう。

　慢性的な高負荷状態の中で頑張っている社会人あるいは学生のみなさんには、特に注意していただきたい３つのポイントとなります。

❶ やりすぎない

作業の計画表（ガントチャート）を見ていただければ、どこにフロート（余裕）があるのか、一目瞭然です。フロートをうまく活用して息抜きをすることも大切です。ストレス・マネジメントの専門家によれば、部分的にストレスがかかっているときは「気分転換」が、全体的にストレスがかかっているときは「休養」が効果的ということだそうです。

❷ 急ぎすぎない

目標は必ずしも早く達成することだけが目的ではないと思います。目標を達成するために、作業を実施し、苦労することさえも"楽しみ"に感じられたら最高だと思います。

目標は達成までのプロセスを楽しむものでもあるのです。もちろん、期限厳守のものは例外です。

❸ ON と OFF

私は30代の頃、「いかにして ON と OFF を上手に切り替えるか」ということに注力していました。具体的には「オフィスを一歩出たら、完全に仕事のことは忘れて、OFF に切り替えるぞ！」としていました。

しかし、あるときに突然、私にパラダイム・シフトが起きたのです。「ON と OFF があるわけではなく、私自身が勝手に ON と OFF を区別しているだけだ」と……。以来、私はいつもニュートラルな状態にしています。

ファイナンシャル・プランニングを行う

ステップ7では、目標を達成するために、ファイナンシャル・プランニングについて考えていきます。

ファイナンシャル・プランニング技法の詳細までは触れませんが、基本的な考え方を紹介するので理解してほしいと思います。自分への投資、現在価値（将来価値）、見積もり手法などについて説明していきます。

当たり前の話ですが、目標を実現するためには、ある程度のお金が必要となるのです。

日本における人生の三大支出

私が専門分野の1つとしているファイナンシャル・プランニングでは、日本における典型的な人生の三大支出として、次のものが挙げられています。

● 教育費（子どもへの教育費と自分自身への教育投資）
● 老後資金（老後の生活費等）
● 住宅費（住宅購入費等）

そして、それ以外のものとして、遊興費（食費や娯楽費）などがあるでしょう。

したがって、目標達成のための資金は、この三大支出を確保した上で、ということになるかもしれません。前記３つのいずれかが、今回、達成したい目標である場合も多いかもしれません。

　参考ですが、三大支出に対する考え方は変化しつつあると思います。

「住宅費」という支出については、根底に「家を持つ」という考え方を前提にしていますが、「家は持たずに、ライフスタイルに合わせて借りる」という考え方もあります。独身（１人）→夫婦（２人）→家族（４人）→老夫婦（２人）と変化していくならば、それに合わせて住宅も変えていくというのは、自然な考え方かもしれません。もちろん、ずっと１人というスタイルもあり得ます。

　また、「家を持つ」ことはリスクを引き受けることにもつながります。例えば、ローン返済が難しくなるというリスク、ローン金利の上昇、住宅の価値が取得時よりも大きく低下するというリスクなどです。これらのことに強い関心があれば、ファイナンシャル・プランニング関連の書籍を読んだり、セミナーに参加したりすることなどもおすすめします。

　中でも子どもの「教育費」については、親がすべて負担するという考え方ばかりでなく、奨学金制度を活用するという方法も存在します。実際に私の知人も奨学金制度を使っていました

し、取り入れているご家族のケースは多いようです。

「老後資金」については、言うまでもなく、年金に頼らず、自己責任において何とかしなくてはならない時代になってきています。人生 100 年時代ですし、三大支出の中でも最も重要な分野といえるでしょう。

　これらのことを考慮した上で、目標達成のための資金作りを考えることになるのです。

◎ 自分への投資

　マネー雑誌に、「今、最も有利な投資は？」という見出しを多く見かけます。あなたは何に投資していますか？

　私は、**世の中の景気の状況にかかわらず、常に一番有利な投資は、自分自身への投資である**と考えています。そして、そう考えることができる世の中であってほしいと思っています。自分の人生において、自分に期待できるということがとても幸せなことだと強く思っているのです。特に、若い世代には、まず自分に投資し、自分の能力・価値をアップさせた上で、活躍してほしいと願っています。

ファイナンシャル・プランニングの考え方

　ファイナンシャル・プランニングの考え方の中で、目標を達成するために、ヒントとなるものを３つ紹介しましょう。

❶ 現在価値と将来価値

あなたは、「現時点の100万円」と「1年後の102万円」のどちらに価値を感じますか？（行動ファイナンスと呼ばれる人間の行動心理等は無視して、単純に利率計算だけを考慮して話を進めていきます）

この答えは、適用される利率により異なってきます。

もし、年利3％なら「現時点の100万円」は1年後には103万円になるので「現時点の100万円」のほうが価値があり、年利1％ならば「現時点の100万円」は1年後には101万円にしかならないので「1年後の102万円」のほうが価値があることになります。つまり、利率を考慮して、現在価値と将来価値を比較検討する必要があるということです。

❷ 卵を1つのかごに入れるな

これはリスク・マネジメントの言葉でもあります。

1つのかごにいくつもの卵を入れておくと、万が一、かごを落としてしまったとき、かごの中のすべての卵が割れてダメになってしまうということを表しています。

❸ 信頼を得るには分割払い

金融機関は、1000万円貸したときに、一度に1000万円返済する人間より、20回に分けて50万円ずつ返済する人間のほうを信用するものです。コミュニケーション、営業、人間関係構築などにおいても、一度に8時間会うよりは、8回に分けて1時間ずつ会う方が効果的であることは言うまでもありません。

見積り手法

コスト、時間の見積り手法として、代表的なものを 2 つ紹介しましょう。

❶ トップダウン見積り

ある作業の見積りをするときに、過去に実施した同じような作業の数値を調べて、それに対して、今回の作業の相違点を考慮しながらプラス・マイナスし、数値を決めていく手法です。

例えば、世界一周旅行のコストを見積るときに、過去に同じような世界一周旅行をした人からコスト実績（仮に 100 万円としましょう）を聞き出し、それに今回の相違点、例えば、おいしいものを食べたいからプラス 20 万円とか、イギリスは訪問しないからマイナス 10 万円などと考慮し、最終的に 110 万円と見積る方法です。

トップダウン見積りでは、過去の実績値を入手できるかどうかがポイントとなってきます。

❷ ボトムアップ見積り

ある作業を見積るときに、その作業をさらに細かく分解し、それぞれのコストを求めて合算していく手法です。

上記と同じく、世界一周旅行のコストを見積る時に、移動す

るコスト（交通費）を 40 万円、宿泊するコスト（ホテル代）を
40 万円、食事をするコスト（食費）を 35 万円というように詳
細に見積り、最後に合算して 115 万円とするものです。

　詳細に見積ることが可能なら、ボトムアップ見積りを行いま
すが、それが難しい場合は、過去の実績値を利用するトップダ
ウン見積りを使うことになります。

リスクを考慮する

> プロジェクトマネジメントや金融、システム関連などにおいて、リスク・マネジメントは重要です。同様に、日常生活においても、リスク・マネジメントの考え方は非常に重要です。ステップ8では、この考え方を理解するとともに、自分の特性（リスク許容度）に合ったリスク・マネジメント計画を考え、まさかのときに備えようという目的です。ステップ8でリスクを計画に織り込むことにより、不確定要素（これもリスク）に対して強くなり、結果として目標達成の確率が高まります。

リスクに対する行動心理

　まず、人間のリスクに対する行動心理を紐解いていきましょう。

　読者のみなさんは、ロト6や年末ジャンボ宝くじなどの宝くじを買ったことはあるでしょうか？

　宝くじを購入したことがある人の中で、自分が一生のうちに車にぶつかる（交通事故に遭う）と思っている人はほとんどいないと思います。統計的には、宝くじの1等に当たる確率よりも交通事故に遭うほうがはるかに高いのですが、それにもかかわらず宝くじは当たるかもしれないと期待して購入しますよね。

私たちは、自分に都合が良いこと（前述の宝くじが当たること）については、確率的に非常に小さな数値でも大きく期待し、一方、自分に都合が悪いこと（交通事故に遭うなど）については、実際の確率よりはるかに小さく評価しがちなのです。

　このように、人は自分に好ましいことは低い確率のものでも過大評価し、好ましくないことは高い確率のものでも過小評価する傾向があります。人はこのように必ずしも合理的、科学的な行動をとるわけではないのです。私たち人間にはこのような傾向があることを知っていれば、単にサイコロを振って1の目が出る確率は？　というようなやり方だけで、リスクに備えることはしないでしょう。

◉ リスク・コントロール

　リスクは避けるものではなく、積極的にコントロールするものです。ここでいう「コントロール」は思い通りにするという意味ではなく、**リスクに適切に対応する**という意味です。リスクというと、とかく、避けるという行動に出やすいものですが、実際には、避けるばかりではなく、積極的にコントロールしていくことも必要です。

　サッカーの話になりますが、相手がボールを持っているときに、後ろに下がらずに、前に出てディフェンスすべきだということを聞いたことがあります。これもリスクを積極的にコントロールするという考えに近いのではないかと思います。

　リスク・コントロールには、以下の 5 つの方法があります。

回避：そのものずばり、リスクを避けるということです。飛行機が落ちるのが怖ければ、新幹線で行くということです。単純でわかりやすいですが、「君子、危うきに近寄らず」という言葉もあります。

転嫁：リスクを他人に移転するということであり、例えば、火災保険の付保、アウトソーシングなどがあげられます。一般的に、そのためのコストが必要です。

軽減：予防対策を講じることによってリスクの発生確率を下げたり、発生時対策を講じることによってリスク発生時の影響度を下げたりすることです（発生時対策については後述します）。

受容：何の対策も施さずに、リスクを受け入れるということです。リスク発生時の影響度が小さいものに対しては、対応としてあり得ますが、影響度が大きいものに対しては、選択すべきではないです。

エスカレーション：自分の責任の範囲内では対応できないリスクについては、対応できるレベルの人に任せます。自分で対応できないリスクを抱え込んでしまうのは、（責任感が強いのではなく）無責任であるということになります。

　このように、リスク・コントロールには、いろいろな種類がありますが、自分のリスク許容度やリスクの特性に応じて、積極的にコントロールするということが何より大切です。何の対策も考えずに、ひたすら、「1 が出ろ、1 が出ろ！」と言ってサイコロを振るばかりでは困ります。

● リスク・マネジメントの重要なキーワード

ここでは、リスク・マネジメントにおける重要なキーワードを3つ紹介しましょう。キーワードを理解して、目標達成のためのリスク・マネジメントに活かしてください。

リザーブ（予備）

予測できるリスクの期待値（影響度と発生確率の積）に見合う額を、万一に備えて準備するものです。コストだけでなく、時間にも適用できます。

例えば、例年、台風により作業時間の合計の10%程度の復旧時間が必要であることがわかっていれば、台風の発生確率と作業時間合計の10%の積を、リザーブとして確保しておき、台風発生のリスクに備えることが望ましいと言えます。

リスク許容度

あなたは私とじゃんけんをして、負けた方が1000円ランチをごちそうするという賭けをするでしょうか？　また、負けた方が10万円の豪華ディナーをごちそうするという賭けならどうでしょうか？　さらに、負けた方が1000万円の高級車をプレゼントするという賭けならどうでしょうか？

どこまで受けられるかは、その人のリスク許容度によって異なります。私なら、もちろんランチまでです。しかし、年収1億円の人ならば、豪華ディナーも賭けるかもしれません。つま

り、リスク・マネジメントを考える場合には、自分のリスク許容度も考慮することが大切ということです。

　リスク許容度とは、その名の通りどこまでリスクを受け入れられるかということであり、その範囲内であれば、リスク・マネジメントはしないという判断になります。

予防対策と発生時対策
「予防対策」とは、リスクの発生確率を下げるための方策のことです。「発生時対策」とは、リスクが発生したときの影響度を下げるための方策のことです。
　具体的に説明すると、火事というリスクに対して寝たばこをやめるというのは予防対策であり、消火器をあらかじめ購入しておき、火災発生時にそれを使用して、被害を最小限に食い止めるというのは発生時対策になります。

◉ リスク・マネジメントの手順

❶ リスクを特定（予測）する

　あなたの目標の達成に対して、どんなリスクがあるのかをあらかじめ特定しておくことは、リスク・マネジメントの第一歩です。私たちは想定外の出来事が起こったときにパニックになりやすいのです。想定内であれば、冷静沈着に対応できるでしょう。

❷ リスクを分析する

　リスク・マトリックスと呼ばれる、発生確率と影響度の観点からリスクを4つの領域に分けた図を使用して、特定（予測）したリスクを分析・評価していきます。発生確率と影響度の両方が高いリスクが、最も注意しなければならないリスクです。

　逆に、発生確率と影響度の両方が低いリスクを「無視」することも必要です。このような小さなリスクまで気にしていたら、体がいくつあっても足りなくなってしまうからです。

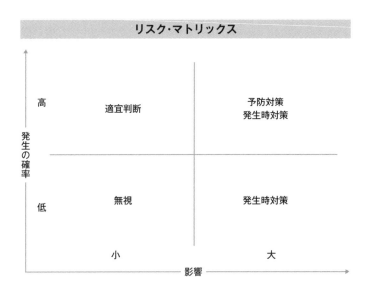

リスク・マトリックス

発生の確率

高　　適宜判断　　　　　予防対策
　　　　　　　　　　　　発生時対策

低　　無視　　　　　　　発生時対策

小　　　　　　　　　大

影響

❸ リスク対策を策定する

ここでは前述した予防対策、発生時対策を考えます。発生時対策にはトリガー・ポイントも決めます。トリガー・ポイントとは、発生時対策を発動するタイミング、条件のことです。

例えば、部屋の室温が 28 度を超えたら、冷房のスイッチが入るように設定したとしましょう。この場合「室温が 28 度を超えたら」がトリガー・ポイントであり、「冷房を入れる」が発生時対策になります。トリガー・ポイントの記述は、客観的な表現でなければなりません。「暑くなったら」という表現は望ましくないのです。人によって感じ方が異なる主観的な尺度だからです。リスク対策において、発生時対策を発動するタイミングが人によって異なるのは、致命的になる場合が多いです。

リスク・マネジメント　事例 1：家族でハワイに行く

① リスク内容	② リスク・マトリックス
家族が風邪をひく	
③ リスクの原因	④ 予防対策
A. 疲れている B. 機内の温度が低い	A. 出発前に休養しておく B. 機内用としてセーターを持参する
⑥ トリガー・ポイント	⑤ 発生時対策
咳が出る 熱が出る（37度以上）	・常備薬を持参する ・保険に加入しておく

リスク・マネジメント　事例2：FPの資格を取る

① リスク内容	② リスク・マトリックス
学習時間が確保できない	

③ リスクの原因	④ 予防対策
A.業務多忙 B.モチベーション低下	A.職場の人たちの理解を得る B.学習仲間を作る

⑥ トリガー・ポイント	⑤ 発生時対策
計画に対して学習実績が10時間以上遅延した	休暇をとり学習時間にあてる

リスク・マネジメント　事例3：田舎暮らしをする

① リスク内容	② リスク・マトリックス
田舎暮らし用住宅が購入できない	

③ リスクの原因	④ 予防対策
資金不足	支払い可能な額を明瞭に。その範囲内の物件を探す

⑥ トリガー・ポイント	⑤ 発生時対策
早期退職予定時期の2年前までに購入が確実にならない	実施時期を遅らせる

［実習］ステップ 8

● ●

リスクを考慮する

ステップ 8 のまとめとして、あなたの目標を達成するうえで、リスクと考えることを洗い出し、リスク・マネジメント・ワークシートに整理してみましょう。

発生の確率が高く、かつ発生時の影響度が大きいものは、事前に対策を検討することが望ましいリスクです。リスクは避けるものではなく、積極的にコントロールするものであることを忘れないようにしましょう。

この演習は非常に重要です。目標達成に限らず、自分の人生にとって、現時点でリスクを考慮すること、そして、常に見直すことは大切なことの 1 つです。なぜならば、人生は不確実なことが多いからです。

リスク・マネジメント・ワークシートを作成していく手順は以下の通りです。

① **あなたの目標を達成するうえで、リスクと考えられるものを洗い出す。**

② **洗い出したリスクをリスク・マトリックスに整理する。**

③ **リスク・マトリックスの右上（発生確率が高く、影響度が大きいもの）のリスクに対して、リスク・マネジメント・ワークシートを使用して、対策を講じる。**

113

リスク・マトリックス

	小	大
高	適宜判断	予防対策 発生時対策
低	無視	発生時対策

発生の確率 →（縦軸）

影響 →（横軸）

リスク・マネジメント ワークシート

① リスク内容	② リスク・マトリックス
③ リスクの原因	④ 予防対策
⑥ トリガー・ポイント	⑤ 発生時対策

計画を実行し、コントロールする

> ここまでのステップで、プロジェクトマネジメントの手法を活用しながら目標達成のための成功確率の高い計画立案について説明してきました。
> ステップ9では、自分で立てた計画を忙しい日々の中でどう実施していくのかについて、人間行動の傾向も考慮しながら考えていきましょう。
> 自分自身で立てた計画を、その通りに進行できているかについても触れていきます。いわゆる進捗コントロールです。
> まず、人間行動の傾向について見ていきましょう。

人間行動の傾向

人間の行動にはいくつかの傾向が見られます。ここでは、計画を実行する際に特に注意したい、2つのことを取り上げます。

学生症候群

作業期日がずっと先に設定されている(フロートが存在する)と、その期日が近づくまで他の作業を優先させ、ぎりぎりになるまでその作業に着手せず、(元々は余裕があった作業にもかかわらず)結局は、**最後(期日)の数日前から徹夜などして作業をこなすことになってしまう傾向**のことです。この傾向を「学

生症候群」と呼びます。

　小中学生が夏休みの宿題を8月下旬まで放り出し、夏休みの終わりに泣きながら両親に手伝ってもらい、なんとか終わらせる……。ビジネスパーソンが上司・顧客から頼まれた1週間後期日の依頼事項を後回しにして、他の作業を優先し、結局、前日にやっつけ仕事で対応する……。というような例が挙げられます。

　この学生症候群は、人間の行動心理から説明することができます。明確な期日が設定されていても、その期日がずっと先のものであると、つい、まだ開始しなくても大丈夫という気持ちになり、他の作業を優先してしまうのです。その結果、期日ぎりぎりまで着手が遅れ、日程的にも精神的にも余裕のない状態で作業を実行することになってしまうのです（皮肉なことに、そのような状況のときに限り、突発事項が発生し、間に合わなくなってしまうものであり、これは前に触れた「マーフィーの法則」として知られています）。

　この特性に対処するためには、作業の明確な優先順位付けをする必要があります（後述あり）。

固ゆで卵の完了基準

　作業の完了基準が明確でないと、念のためにといつまでも作業を続ける傾向が私たちにはあります。特に真面目な人ほど、この傾向が強いようです。

　例えば、固ゆで卵を作るように私があなたに依頼したとしましょう。固ゆで卵は平均して5分程度でできあがることを、あ

なたは知っているとします。さて、あなたは何分間、卵をゆで
るでしょうか？

　4分？　5分？　6分？　7分？　8分以上??

　一般的に多くの人は、6分と答えるそうです。

　卵には殻があるため、ゆでているときに中身の状態は把握で
きません。固ゆでになっているかどうかがはっきりわからず、
その結果、感覚的に長めにゆでるという傾向があるのです。

　さて、ここで、私が次のセリフを追加したとしましょう。
「そうそう、私は少しでも半熟部分が残っていると体に"じん
ましん"が出てしまうので、気をつけてくださいね」と。する
と、多くの人は8分以上へと回答が変化するはずです。万一に
備えてさらに念を入れるのです。ここで、さらに考察を続けま
しょう。

　8分以上という場合は、実際は何分ゆでることになるのでし
ょうか？　そして、私はいつ、固ゆで卵を食べることができる
のでしょうか？

　答えは、私が「まだ固ゆで卵はできないのですか？」と、催
促したときなのです。

　このように**完了基準が明確でないと、誰かに完了を催促され
るとき（または、自分で設定したかなり遅めの完了予定時間）
まで、作業を念入りに続ける傾向がある**のです。

　私もパワーポイントなどでプレゼン資料を作成する際、締め
切り時刻まで念入りにデザインに凝ってしまう傾向があること
を思い出しました。

「固ゆで卵の完了基準」という人間の傾向に対処するためには、作業の完了基準を明確にする他はないということです。

このことは、ステップ1では、目標に対して成功の判断基準という考え方、ステップ2では、作業の完了基準という考え方で説明してきました。

もし、完了基準が明確でなければ、誰もが「期限（締め切り）」が来るまで作業することになります。耳の痛い話になりますが、「完了基準の明確でない仕事」をし続け、夜中の12時になったので、仕事を切り上げて（完了していないのに）、帰宅したという経験はないでしょうか？

この傾向に対する私のアドバイスは、「完了基準を明確にし、常に意識すること」です。そして、もし明確にすることが難しいと感じているならば、最後は自己責任で決断するしかありません。いわゆる折り合いをつけるのです。

ダイナミックな優先順位付け

多くのタイム・マネジメントの専門書には、優先順位を付けるには、重要度と緊急度という要素があり、その組み合わせで考えるとよいと説明されています。私も賛成です。ただし、緊急度は、期日までの残り時間との関係で、上昇する傾向があるということも覚えておきましょう。

例えば、同じ作業でも、期日まで1カ月ある場合と1週間し

かない場合では、当然、緊急度は変わってきます。ですから、いったん作業の優先順位を決めたら、そのままでよいということではなく、随時、優先順位の見直しをすることが必要なのです。

　私がかつて担当していた大型コンピュータシステムには、重要度と実行までの待ち時間の長さに応じて、作業の実行優先順位がダイナミックに変化していく機能がありました。

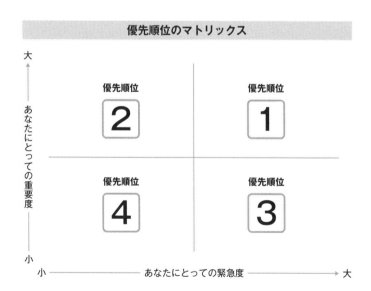

優先順位のマトリックス

大

あなたにとっての重要度

小

優先順位 **2**

優先順位 **1**

優先順位 **4**

優先順位 **3**

小 ──── あなたにとっての緊急度 ────→ 大

最初の一歩を踏み出す

　計画ができており、準備は完了しているにもかかわらず、な
ぜか最初の一歩が踏み出せないことがあります。そのような場
合、よく「自分の心に火をつけろ！」や「気合いだ！」と精神
論的なことを言われたりしますが、「最初の一歩が大きすぎる！」
ということはないでしょうか？

　一般的に、**「物事」はスタートしにくく、ストップしにくい**と
いう傾向があります。物理学でいう「慣性の法則」が働いてい
るともいえるでしょう。
　例えば、体に良いとわかっていても新しいことは始めにくく、
体に悪いとわかっていても習慣になっていることは止めにくい
のです。

　この「慣性の法則」を破り、**最初の一歩を踏み出すためには
何か仕掛け作りが必要**なのです。
　朝のラジオ体操を習慣づけしたいのなら、朝起きるのがつら
い冬に始めないで夏に子どもたちと一緒に開始するようにす
る。禁煙をしたいなら、まずは一本まるまる吸うのを止めて３
㎝残してがまんする。最初の一歩を踏み出したら、お祝いパー
ティーをする、などです。
　二歩目も出ない？　それなら、後ろから猛獣に追いかけても
らうしかないでしょう（猛獣は、職場にも家庭にもいたりしま

せんか!?)

とにかく、最初の一歩は、工夫して順調にスタートしたいものです。

いかに実行するか

ここでは、計画に基づいて実行するための 4 つのポイントをみてみましょう。

❶「ベースライン」という考え方

計画とは、完璧にその通りに実行すべきものというより、日々の実行度合いを管理するための基準となるものととらえることが望ましいです。このような位置づけの計画を「基準計画(ベースライン)」といいます。

身近な例を挙げれば、「毎日 10 個の英単語を暗記する」という計画の場合、毎日必ず 10 個ちょうどでなくても、昨日は 8 個だったから今日は 12 個、明日は時間が十分にあるから 15 個、というような柔軟な考え方をすると進めやすくなります。

❷ 日々の行動に落とし込む

計画した作業を確実に実行するためには、日々の流れの中に組み入れる必要があります。その手段として、予定を書き込むシステム手帳やカレンダーなどアナログ・デジタル両方の予定管理ツールを使っていくことが挙げられます。

ここで特に注意したいのは、私たちの毎日は、目標に関する作業だけをしているわけではないので、自分の責任で、日々の行動にしっかり作業予定を組み込んでおかないと、実行されずに放置されてしまう可能性があるということです。

❸ サボれない仕組み作り
　サボれないというのは語弊がありますが、要は、やりたくてしょうがないという状況を維持しようということです。

- **作業の完了基準を明確にし、小さな成功を重ねていく**
- **毎週、１人進捗ミーティングをし、ご苦労さん会をする**
- **作業を完了するごとに、自分にご褒美を与える**

　どんなに魅力的な目標でも、その達成までに長期間かかる場合など、途中で挫折する恐れがあります。したがって、一定期間ごとに「お楽しみ」を準備するのも、１つのアイデアなのです。

❹ タイムログをつける
　私たちは、毎日、非常に多くの情報に接しています。本当に必要なものは接したその場で記録・保管しないと、後日、手に入れにくいケースが増えています。

　ここで大切なことは「情報を記録・蓄積する」ということです。

　ただ、この情報過多の時代にやみくもに情報を記録・蓄積していては、すぐにパンクしてしまうでしょう。

　そこで、まずあなただけの固有の情報から記録・蓄積することをおすすめします（固有の情報以外は、どこを見ればよいかというポインター、URL などだけを記録しておけば十分です）。

　あなただけの固有情報として、典型的なものが、目標を達成するために実施した作業の結果が挙げられます。

　情報の収集・蓄積は、発生場所でかつ発生時点に行うことが最も望ましいといえます。それが難しいなら、1日の終わり、就寝前に記録するのがよいでしょう。

　一度、忘却したものは、永遠に戻ってこない可能性があります。特に、それが重要であるほど、その可能性は高くなってしまうと、前に触れた「マーフィーの法則」でいわれています。

　就寝前の記録には、少なくとも2つの利点があります。

　1つ目として、その日一日の振り返りと合わせて行うことができることです。読者のみなさんのなかにも、就寝前に一日の振り返りをされている人もいるかと思います。

　2つ目が、人間は寝ている間にその日に経験したことを脳が無意識に振り返っているということです。そうならば、寝る直前に強く意識付けしておけば、記憶の効果が高まるはずです。

STEP 10　振り返り、分析する

> 　何かの行動をとれば、その結果として「うまくいったこと」と「うまくいかなかったこと」が必ず出てきます。「うまくいったこと」からは、なぜうまくいったのかを分析し、今後の成功パターンとして定着させましょう。「うまくいかなかったこと」からは、なぜうまくいかなかったのかを突き止め、今後の改善につなげていきましょう。すなわち、「計画し行動したら、振り返りを行い、教訓を得て、次につなげる」ということです。
>
> 　最後のステップ10は、目標へのチャレンジを通じて、何か得たものを次につなげていくという、自分の人生をより良くしていく（明日はもっと成長している）仕組み作りをするステップなのです。

振り返りを行う

　振り返りを行う場合に最も大切なことは、事実を謙虚に受け止めるということです。自分の行動の結果の90％は自分の責任であると思います。うまくいったことを「幸運に恵まれていた」、「ラッキーだった」と軽く受け止めていては、次にはつながらないでしょう。

　成功要因をしっかりと深く考え、成功の方程式を導き出した

いものです。残りの 10％は、偶然の産物かもしれません。

　ですので、90％は自分でコントロールできる可能性があるということです。その宝物をしっかり把握しない手はないのです。

　一方、うまくいかなかったことは、二度と思い出したくもないかもしれませんが、放っておけば、また同じことを繰り返してしまうことになるでしょう。ここはしっかり対峙して、うまくいかなかった原因を分析し、次の改善へとつなげることが肝要です。

　読者のみなさんに１つ質問したいことがあります。
「成功」の反対は何でしょうか？
　私の見解では、正解は**「失敗」ではなく「教訓を得るためのよい体験」**です。うまくいったことより、うまくいかなかったことのほうに、宝物がたくさん隠されている可能性が高いと信じています。

　私たちのセミナーでは、休憩時間の終了２分前に、テンポの早い BGM を流しています。私は昔、この BGM は休憩終了の合図にすぎないと思っていました。
　あるとき、たまたま私は、この BGM を流し忘れてしまいました。どうなったと思いますか？　セミナーを再開しても、参加者が何かそわそわ落ち着かない様子なのです。
　このとき、私は学んだのです。BGM は単なる休憩終了の合図ではなく、参加者の気持ちを休憩モードからセミナー参加

モードに切り替えるための合図だったのだということを。

　私は、この出来事に出合うまでは、うまくいったこと（BGMを流すとセミナーをスムーズに再開できる）からは何も学べていませんでした。うまくいかなかったこと（BGMを流し忘れるとセミナーをスムーズに再開できない）に遭遇して、初めて学ぶことができたのです。

　そう考えると、「うまくいかなかったこと」はすべて人生における「うまくいくための準備作業」なのかもしれないですね。

教訓を得る

　振り返りを行い、そこから教訓を得るということは、まとめると次のようになります。

- うまくいったこと、良かったこと→今後定着させる
- うまくいかなかったこと、悪かったこと→改善する

　すべては次につなげるためなのです。

　人間は忘却する動物です。せっかく教訓を得ても、記録しておかなくては、すぐに忘れてしまいます。

　そのために、以下のようなアイデアを提案します。

❶ 自分の教訓データベースを構築する

　得た教訓は、バラバラの書式で記録するよりも、一定の簡単な書式で継続して整理していくと、将来、教訓データベースと

して活用できます。簡単な書式の例を以下に示します。データ
ベースといっても、はじめは紙ベースで作り、充実してきたら
システム化を検討すればよいと思います。

教訓シート

No.	作業内容	記入日	うまくいった点	うまくいかなかった点	→ 改善案

❷ 他人との教訓の共有化

　自分が学んだ教訓が蓄積されてきたら、他人と教訓を共有化しましょう。ビジネス上では、「ナレッジマネジメント」または「学習する組織」というコンセプトで実施されています。同じ手法を個人でも使わない手はありません。全く同じ経験をしたとしても、人の数だけ、異なる観点からの教訓を得ることができるでしょう。

　ここでも、他人と WIN-WIN の関係が構築できているかがポイントになります。

　参考として、私のデータベースから教訓リストの例をご紹介します。

① 目標を徹底的に明確にする。実現している状態が目に浮かぶまで！
② 実行できない計画は立てない
③ 期日は自分との約束だから、必ず守る。守れない約束はしない
④ 他人に任せてもできなかったときに他人のせいにしない。自己責任である
⑤ 定期的に目標を振り返る
⑥ 一度立てた計画にこだわりすぎず、状況に応じて修正する
⑦ 完璧主義にならない
⑧ 無理をせず、楽しく実行する
⑨ 完了基準を明確にし、やりすぎない
⑩ 明るく、楽しく、元気よく

⑪ 何もしない日を作る

⑫ リスクをおそれないで楽しむ余裕を持つ

⑬ リスクを無視しない、目をつぶらない

⑭ ときには、勘と経験と度胸でがんばる

⑮ ときには、質より量

⑯ 自分へのご褒美を忘れない

⑰ 難しい作業は、簡単と思えるまで小さくする

⑱ 他人は敵ではない、味方である

⑲ 明日に期待する

⑳ がんばらずに、楽しむ

◉ 次につなげる

ここまでで、振り返りを行ない、教訓を得て、蓄積してきました。さらに、他人と教訓を共有化してきました。それらは、すべて、「次につなげる」ための布石なのです。

次の目標を達成する際に、これらの教訓を活かすことができれば、さらに早く、確実に目標を達成できるでしょう。

過去の経験がいつも通用するとは限りませんが、多くのことは、過去の延長線上にあることも事実です。いわゆる「先人に学ぶ」という考え方にも通じます。

Chapter2 を参考にして、あなた自身の大切な目標を確実に達成していただくことを心から期待しています！ Chapter2 を、チャップリンの有名な言葉で締めくくることにします。「私の最高傑作は、次の作品です！」

[実習] ステップ 10

・・・・・・・・・・・・・・・・・・・・・・・・・・・

振り返りをする

　ステップ 10 のまとめとして、あなたの目標を達成する過程で、学んだ教訓を整理してみましょう。振り返りを行い、そこから教訓を得るということは、次につなげるためであり、とても大切なことです。人間は忘却する動物です。したがって、目標を達成したら、すぐに、この演習を行うことをおすすめします。

教訓シート

No.	作業内容	記入日	うまくいった点	うまくいかなかった点	─→ 改善案

chapter 3

PMBOK の概要

世界標準の目標達成法が PM です。そんな PM の知識を体系化して収録しているのが『PMBOK（ピンボック）』という PM ガイドブックです。ここからは、そのエッセンス、具体的には 49 個の「プロジェクトマネジメント・プロセス」を紹介します。

PMBOK（ピンボック）とは

　chapter1 では、私たちの身近な内容を物語にして、目標達成について紹介しました。

　chapter2 では、それを受けて、目標をどのような手順で達成していくのかということを紹介しました。具体的に「10 のステップ」に落とし込み、シート等に記入していきながら、達成までの手順を理解していただきました。

　ここからの chapter3 では、これまで紹介してきた内容の根底にある世界標準のプロジェクトマネジメントについて、その概要を紹介していきます。

　chapter3 は、目標達成においてきちんとした知識体系に基づいたアプローチであることを理解していただけることでしょう。

　この先、何度も繰り返し出てくる PMBOK（ピンボック）という言葉は、Project Management Body of Knowledge の略称です。日本語では、「プロジェクトマネジメント知識体系」と訳しています。目標達成の達人である、世界中のプロジェクト・マネジャーたちの「このようにしたらプロジェクトがうまくいく」という知識・経験が詰まった宝箱といえるものです。プロジェクトマネジメントを「目標達成法」、プロジェクト・マネジャー

を「私たち」、ステークホルダーやプロジェクト・メンバーを
「関係者」と置き換えていただくと、違和感がないと思います。

「プロジェクトマネジメントのグローバルスタンダード」とい
われる PMBOK ガイド（正式名称：プロジェクトマネジメント
知識体系ガイド）ですが、本書はその最新の第 7 版と、その前
の第 6 版に準拠しています。

　PMBOK は米国プロジェクトマネジメント協会（PMI）から
1987 年に初版が発行されて以降、約 4 年に一度のタイミングで
改訂が行われてきました。

　本書では、「PMBOK 2 時間で丸わかり」という概要紹介をし
ますので、ご興味を持たれましたら、ぜひ、PMBOK の購入、
また本格的な研修へのご参加もおすすめします。

1 プロジェクトとプロジェクトマネ ジメントの定義や主な用語

プロジェクトの定義

　プロジェクトマネジメントにおけるプロジェクトについて 「プロジェクトとは、独自のプロダクト、サービス、所産を創造 するために実施される有期的な活動である」とPMBOKでは定 義しています。もう少し平易な言葉で定義すると、「プロジェク トとは、独自の目標を達成するために、期間を限定して行う一 連の作業であり、それは、①スコープ・品質、②時間、③コス トの3つの要素を管理し、バランスをとりながら行うものであ る」としています。

　プロジェクトを定義するときに必要なキーワードが2つあり ます。それは独自性と有期性です。

❶ 独自性（Unique）
　プロジェクトごとにスコープ（範囲、目標）は異なります。 したがって、プロジェクトには独自性があるといえます。

❷ 有期性（Temporary）
　プロジェクトは期間限定で行われるため、有期性があるとい

えます。有期性とは期間が定まっているということです。一時的に、見知らぬ人が、見知らぬ場所に集まり、目標を達成した後、解散する活動ともいえます。

◉ プロジェクトの３つの要素

❶ スコープ（Scope）・品質（Quality）

スコープとは、本来「範囲、範疇」などを意味しますが、PMBOK の定義では「プロジェクトが提供するプロダクト、サービス、所産の総体」を指します。

スコープはプロジェクトで生み出すものの特性や機能（プロダクト・スコープ）と、生み出すために実行する作業の総体（プロジェクト・スコープ）の両方を意味します。つまり、**「何をどこまで行うのか」**ということであり、プロジェクトマネジメントでは、このスコープを明確にしておくことが重要です。プロジェクトで生み出す成果物をスコープと品質で表すことになります。

スコープが決まることにより、プロジェクトで取り組む範囲が明確になり、プロジェクトの規模が決まります。たとえば、新製品の開発であれば、プロジェクトのスコープが新製品の市場へのリリースまでにとどまるのか、新製品発売後の一定期間のアフターフォローまで含めるのかで、プロジェクトの規模は変わってきます。

❷ 時間（Time）

プロジェクトは有期的活動ですから、必ず開始と終了があり

135

ます。

　プロジェクトの開始は「プロジェクト憲章」（プロジェクトの最終責任者であるオーナーがプロジェクト・マネジャー任命時に作成する文書）の発行で始まるともいえますが、実質的には、プロジェクト・チームが結成され、そのキックオフで始まると考えたほうがよいでしょう。

　プロジェクトは、プロジェクトの振り返りを終えることをもって正式な終了となります。ただし、プロジェクトの所要期間を考えるときは、成果物の納期としての終了が重要となります。プロジェクト・チームとしてのプロジェクトの完了基準を設定し、明確化しておくことが望ましいといえます。

❸ 資源（Resource）★ヒト・モノ・カネ

　プロジェクトに投入する主な資源は、①プロジェクト・チームのメンバー、②プロジェクトに使用する装置や機器、資材、そして③資金、の３つです。

　プロジェクトはこれら３つの要素（制約条件）をバランスよくコントロールしながら行うものです。

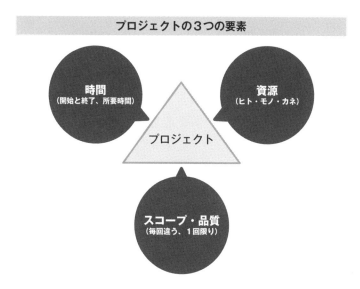

プロジェクト、プログラム、ポートフォリオと定常業務

　企業・組織においてその経営目標を達成する手段として、ポートフォリオ、プログラム、プロジェクトのマネジメント、そして定常業務などが活用されます。ここではそれぞれの関係性を説明します。

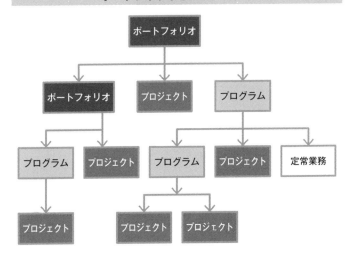

ポートフォリオとプロジェクト

❶ ポートフォリオ

　ポートフォリオとは、戦略目標を達成するために、プロジェクト、プログラム及び定常業務が集約されたものです。

　必ずしも、ポートフォリオ内で相互に依存している必要はありません。複数のプロジェクト、プログラム、関連業務をポートフォリオで把握することにより、組織の戦略に沿って一貫性を保ち、資源の割り当てに優先順位をつけます。

❷ プログラム

　プログラムとは、同時並行に行われる相互に関連するプロジェクト群を1つのグループにまとめて管理するという考え方です。プロジェクトを個々にマネジメントすることでは得られな

い成果価値とコントロールを実現するために、相互に関連する
プロジェクトを調和のとれた形でマネジメントします。

　プログラムの中に、プロジェクトのスコープ外の関連業務が
含まれることもあります。プロジェクトは単独で存在し、プロ
グラムに含まれないことはありますが、プログラムには必ずプ
ロジェクトが含まれます。

　ある経営目標を達成するために、同時にいくつかのプロジェ
クトを立ち上げます。それら複数のプロジェクトを有機的に統
合して、全体の目的を達成するために、相互に関連づけて調整
します。共通の目標を持つプロジェクトをまとめてプログラム
として管理した方が資源の有効活用につながります。

❸ 定常業務

　定常業務の定義は以下のようになります。

「定常業務は、継続的かつ反復的である。定常業務は継続的な
業務や、同じ成果物を繰り返し、同じプロセス・同じやり方で
継続的に生み出すものである」

　定常業務とプロジェクトの特徴的な相違点として、次のよう
なものがあります。

- 定常業務は継続的かつ反復的である
- プロジェクトは、有期的であり、独自性がある

　プロジェクトの多くは、目標を達成した後は、定常業務に引

139

き継がれて実施されます。

プロジェクトマネジメントの定義

　PMBOK では、プロジェクトマネジメントを次のように定義しています。

　「プロジェクトの要求事項を満たすために、知識、スキル、ツールと技法をプロジェクト活動に適用すること」

　すなわち、**プロジェクトにおいて様々な知識などを駆使し、顧客を満足させるための活動全般**を指します。**プロジェクトマネジメントは目標を達成するための技法**です。

　プロジェクトマネジメントの概念が確立する以前は、経験などの暗黙知でプロジェクトを管理していましたが、PMBOK などプロジェクトマネジメントの知識が体系化されたことにより、形式知として標準化が可能になりました。

プロジェクトマネジメントの留意点

　プロジェクトマネジメントについて留意すべきことは、主に次の2点です。

①「要求事項を満足させる（must have）」ことであり、「要求事項を超える（nice to have）」ことを意味してはいない。

②顧客の要求事項を達成するためには、顧客の要求を特定し、プロジェクトの3大制約要素であるスコープ・品質、時間、資源のバランスをとりながら、顧客が満足する成果物を生成する

こと。

プロジェクトマネジメント・プロセス群

「PDCA」「計画・実行・コントロール」などのマネジメント・プロセスに関する言葉をよく耳にします。

プロジェクトマネジメントにもプロセスがあります。すなわち「立上げ」「計画」「実行」「監視・コントロール」「終結」の5つです。これらを「プロジェクトマネジメント5つのプロセス群」と呼びます。

ここで留意したい点があります。

通常のマネジメント・プロセスは「計画」「実行」「監視・コントロール」の3つのプロセスからなっていますが、プロジェクトマネジメント・プロセスには「立上げ」「終結」の2つのプロセスが加わります。

その意味するところは、プロジェクトとは独自性のある目標達成を目指すものであるため、「立上げ」プロセスにおいてその特性をしっかり把握しておくこと、また「終結」プロセスは今回のプロジェクトの経緯（プロセス）を次のプロジェクトへ活かすための必須の工程であることです。

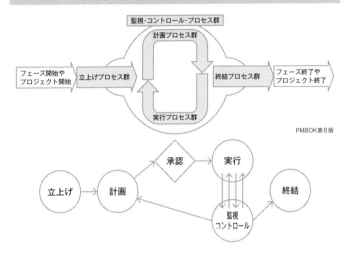

プロジェクトマネジメント・プロセス群

PMBOK第6版

価値実現システム

　組織を構築、維持、発展させることを目的とした戦略的な事業活動の集合のことです。ポートフォリオ、プログラム、プロジェクト、定常業務はすべて、組織の価値実現システムの一部です。

2 予測型、適応型、ハイブリッド

　プロジェクトはその目標がさまざまです。研究開発、商品開発、ITシステム開発、業務革新、組織活性化、そして経営改革や地域活性化に至るまで、達成すべき目標をあらかじめ明確化できるものもあれば、目標の明確化が難しく手さぐり状態でのプロジェクト遂行の事例もあり、そのプロセスはさまざまです。

　そこで、プロジェクトの特性に応じて、予測型（ウォーターフォール型）と適応型（アジャイル型）に分けて考えていきます（両者を組み合わせたものをハイブリッド型と呼び、3つに大別することもあります）。

　一応、ここでは3つを以下に紹介します。

❶ 予測型（ウォーターフォール型）
- スコープ、時間、コストが可能な限りライフサイクルの初期に決定される
- 最終成果物を予測し、事前にしっかりと計画
- 計画の変更は承認される前に管理される必要がある
- ステークホルダーの参画は最小限

❷ 適応型（アジャイル型）

- おおまかな計画は、プロジェクトが進むにつれて詳細化される
- 変更の確率が高い
- ステークホルダーの参画が必須
- 最終ゴールを説明するのが難しく、不明確、未知の要求事項が多い

❸ ハイブリッド型

- 予測型と適応型の良い面を取り入れたもの
- 予測できる部分・要素は予測型で進める
- 変化が多い部分・要素は適応型で進める

3 プロジェクトマネジメントの 12の原理・原則(PMBOK第7版)

　2021 年に発行された『PMBOK 第 7 版』では、12 個の「プロジェクトマネジメントの原理・原則」が新しく掲載されました。ここでは簡単に触れます。

❶ 勤勉で、敬意を払い、面倒見の良いスチュワードであること

　スチュワードシップについて補足します。『PMBOK 第 7 版』では「信頼を理解し受け入れることに加え、その信頼を生み出し維持する行動と意思決定を示す。」と説明があり、スチュワードは次の義務を遵守するとされています。

- 誠実さ
- 他人の面倒を見ること
- 信頼されること
- コンプライアンス

❷ 協働的なプロジェクト・チーム環境を構築すること

❸ ステークホルダーと効果的に関わること

❹ 価値に焦点を当てること

　価値とは、あるものの値打ち、重要性、または有用性のこと

です。同じ概念が人や組織によって異なる価値を持つという点において、価値は主観的です。だからこそ、ステークホルダーと効果的に関わる必要があるのです。

❺ システムの相互作用を認識し、評価し、対応すること
「システム」とは、一体化した全体として機能する、相互依存する一群の構成要素です。全体的な見方をすると、プロジェクトは変化し続ける状況の中で存在する多面的なものです。したがって、プロジェクトの全体的な見方を認識し、プロジェクトをいくつかの独立した作業単位を持つシステムとして捉えることが重要です。

❻ リーダーシップを示すこと

❼ 状況に基づいてテーラリングすること
「テーラリング」とは一般論を取捨選択して、自プロジェクトに具体的に適用していくことです。プロジェクト・マネジャーは洋服生地を顧客の体型に合わせて、仮縫いを繰り返しながら、Just Enough（ぴったりサイズ）に仕上げていく洋服屋さんそのものともいえるでしょう。

❽ プロセスと成果物に品質を組み込むこと
　品質とは、顧客のニーズを満たす能力も含まれます。したがって、いかに顧客のニーズ、求めている価値の創出を実現するかが非常に大切です。

❾ 複雑さに対処すること

プロジェクトにおける複雑さをもたらす一般的な要因には以下のものがあります。

- 人の振る舞い
- システムの振る舞い
- 不確かさと曖昧さ
- 技術革新

そして、複雑さはプロジェクト・ライフサイクル（開始から終了まで）のあらゆる領域において、どの時点でも出現し、プロジェクトに影響を与える可能性があります。これらに対処していくことも必須です。

❿ リスク対応を最適化すること

リスク対応とは、プラスのリスク（好機）を最大限に高め、マイナスのリスク（脅威）に極力さらされないように努めることです。

⓫ 適応力と回復力を持つこと

「適応力」とは変化する状況に対応する能力です。「回復力」とは影響を緩和する能力と、挫折や失敗から迅速に回復する能力の相補う二つの特性から成っています。

⓬ 想定した将来の状態を達成するために変革できるようにす

ること

　今日のビジネス環境において状況の変化に合わせて自らが変わり続けることは、すべての組織・人にとってチャレンジングな課題といえるでしょう。

プロジェクトマネジメントの原理・原則

勤勉で、敬意を払い、面倒見のよいスチュワートである	協働的なプロジェクト・チーム環境を構築する	ステークホルダーと効果的に関わる	価値に焦点を当てる
システムの相互作用を認識し、評価し、対応する	リーダーシップを示す	状況に基づいてテーラリングする	プロセスと成果物に品質を組み込む
複雑さに対処する	リスク対応を最適化する	適応力と回復力を持つ	想定した将来の状態を達成するために変革できるようにする

4 プロジェクトの8つのパフォーマンス領域(PMBOK第7版)

『PMBOK 第7版』では、新しく「プロジェクトの8つのパフォーマンス領域」という整理がなされました。これについても簡単に紹介しましょう。

❶ ステークホルダー・パフォーマンス領域

ステークホルダーに関連した活動と機能に対処します。

❷ チーム・パフォーマンス領域

ビジネス成果を実現するプロジェクトの成果物を生み出す責任を負う人に関連付けられた活動と機能に対処します。

❸ 開発アプローチとライフサイクル・パフォーマンス領域

プロジェクト開発アプローチ、ケイデンス、およびライフサイクル・フェーズに関連する活動と機能に対処します。ケイデンスとは、「プロジェクト全体を通じて実施されるアクティビティのリズム」と PMBOK で定義されています。タイミングと頻度というようなニュアンスです。

❹ 計画パフォーマンス領域

初期、継続中、進化中のプロジェクト組織に関連した活動と機能、およびプロジェクトの成果物と成果を提供するために必

要となる調整を扱います。

❺ プロジェクト作業パフォーマンス領域

プロジェクト・プロセスの確立、物理資源のマネジメント、学習環境の強化に関する活動と機能を扱います。

❻ デリバリー・パフォーマンス領域

プロジェクトが達成を目指したスコープと品質の提供に関連する活動と機能を扱います。

❼ 測定パフォーマンス領域

プロジェクトのパフォーマンスを評価し、受け入れ可能なパフォーマンスを維持するための適切な行動をとることに関連する活動と機能に対応します。

❽ 不確かさパフォーマンス領域

リスクや不確かさに関連する活動と機能に対応します。

5 プロジェクトマネジメントの主なプロセス（PMBOK第6版）

このセクションでは、『PMBOK 第 6 版』における 49 個の「プロジェクトマネジメント・プロセス」を 5 つの「プロセス群」である、立上げ、計画、実行、コントロール、終結の順に簡単に紹介します。

主な専門用語の説明

プロジェクトマネジメント・プロセス

プロジェクトを成功（目標を達成）するために必要な作業のことで、『PMBOK 第 6 版』には 49 個のプロセスが整理されています。

5つのプロセス群

プロジェクトマネジメント・プロセスをプロジェクトの開始から終了までの流れで「立上げ」「計画」「実行」「コントロール」「終結」という 5 つのグループ（群）に分類したもの。

❶ 立上げ

プロジェクトのおおまかな目標を明確に、ステークホルダー（関係者）に共有します。

❷ 計画

プロジェクトを成功（目標を達成）させるための作業計画を
作成します。

❸ 実行

作成した計画に基づいて、全集中して、プロジェクトを実際
に実行していきます。

❹ 監視コントロール

プロジェクトを進めていく中で実行結果と計画との差異が発
生していないかについて継続的にチェックを行います。また、
状況に応じて、計画を変更する必要があるかないか判断します。

❺ 終結

プロジェクトを完了するために、成功かどうかを確認し、こ
のプロジェクトを通して学んだ教訓を整理します。

10の知識エリア

『PMBOK 第 6 版』ではプロジェクトマネジメントを実施する
際に求められる知識を、以下の「10 の知識エリア」として整理
しています。

❶ プロジェクト統合マネジメント

プロジェクトマネジメント・プロセス群内の各プロセスとプ
ロジェクトマネジメント活動の特定、定義、結合、統一、調整

を行うためのプロセスを整理した分野です。

❷ プロジェクト・スコープ・マネジメント

　プロジェクトを成功裏に完了するために必要なすべての作業、かつ必要な作業のみが確実に含まれるようにするプロセスを整理した分野です。「プロジェクト・スコープ」という言葉は、「プロジェクトの範囲、目標」を意味しています。10 の知識エリアの中でも、最も重要な分野の１つです。

❸ プロジェクト・スケジュール・マネジメント

　プロジェクトを所定の時期に完了するようにマネジメントするうえで必要なプロセスを整理した分野です。

❹ プロジェクト・コスト・マネジメント

　プロジェクトを承認済みの予算内で完了するためのコストの計画、見積り、予算化、資金調達、財源確保、マネジメント、及びコントロールを行うためのプロセスを整理した分野です。

❺ プロジェクト品質マネジメント

　ステークホルダーの期待を満たすために、プロジェクトとプロダクトの品質要求事項の計画、マネジメント、およびコントロールに関する組織の品質方針を組み込むプロセスを整理した分野です。

❻ プロジェクト資源マネジメント

プロジェクトを成功裏に完了させるために必要な資源を特定し、獲得し、そしてマネジメントするプロセスを整理した分野です。

❼ プロジェクト・コミュニケーション・マネジメント

プロジェクト情報の計画、収集、作成、配布、保管、検索、マネジメント、コントロール、監視、そして最終的な廃棄を適時かつ適切な形で確実に行うために必要なプロセスを整理した分野です。

❽ プロジェクト・リスク・マネジメント

プロジェクトに関するリスク・マネジメント計画、特定、分析、対応計画、対応処置の実行、及びリスクの監視を実施するプロセスを整理した分野です。

❾ プロジェクト調達マネジメント

必要なプロダクト、サービス、あるいは所産をプロジェクト・チームの外部から購入または取得するために必要なプロセスを整理した分野です。

❿ プロジェクト・ステークホルダー・マネジメント

プロジェクトに影響を与えたりプロジェクトによって影響を受けたりする可能性がある個人やグループまたは組織を特定し、ステークホルダーの期待とプロジェクトへの影響力を分析

し、ステークホルダーがプロジェクトの意思決定や実行に効果的に関与できるような適切なマネジメント戦略を策定するために必要なプロセスを整理した分野です。

　次の表は、「49 個のプロセス」が、どのようなタイミングで行われ（「５つのプロセス群」）、どのような分野（「10 の知識エリア」）に属するかを、一覧表にまとめたものです。

10の知識エリアと5つのプロセス群の関係

知識エリア	プロジェクトマネジメント・プロセス群				
	立上げプロセス群	計画プロセス群	実行プロセス群	監視・コントロール・プロセス群	終結プロセス群
統合マネジメント	4.1プロジェクト憲章の作成	4.2プロジェクトマネジメント計画書の作成	4.3プロジェクト作業の指揮・マネジメント 4.4プロジェクト知識のマネジメント	4.5プロジェクト作業の監視・コントロール 4.6統合変更管理	4.7プロジェクトやフェーズの終結
スコープ・マネジメント		5.1スコープ・マネジメントの計画 5.2要求事項の収集 5.3スコープの定義 5.4WBSの作成		5.5スコープの妥当性確認 5.6スコープのコントロール	
スケジュール・マネジメント		6.1スケジュール・マネジメントの計画 6.2アクティビティの定義 6.3アクティビティの順序設定 6.4アクティビティ所要期間の見積り 6.5スケジュールの作成		6.6スケジュールのコントロール	
コスト・マネジメント		7.1コスト・マネジメントの計画 7.2コストの見積り 7.3予算の設定		7.4コストのコントロール	
品質マネジメント		8.1品質マネジメントの計画	8.2品質のマネジメント	8.3品質のコントロール	
資源マネジメント		9.1資源マネジメントの計画 9.2アクティビティ資源の見積り	9.3資源の獲得 9.4チームの育成 9.5チームのマネジメント	9.6資源のコントロール	
コミュニケーション・マネジメント		10.1コミュニケーション・マネジメントの計画	10.2コミュニケーションのマネジメント	10.3コミュニケーションの監視	
リスク・マネジメント		11.1リスク・マネジメントの計画 11.2リスクの特定 11.3リスクの定性的分析 11.4リスクの定量的分析 11.5リスク対応の計画	11.6リスク対応策の実行	11.7リスクの監視	
調達マネジメント		12.1調達マネジメントの計画	12.2調達の実行	12.3調達のコントロール	
ステークホルダー・マネジメント	13.1ステークホルダーの特定	13.2ステークホルダー・エンゲージメントの計画	13.3ステークホルダー・エンゲージメントのマネジメント	13.4ステークホルダー・エンゲージメントの監視	

出典：PMBOKガイド第6版

PMBOKのプロセス構成

『PMBOK 第 6 版』では、プロジェクト活動が 49 個の「プロジェクトマネジメント・プロセス」で構成されています。

　各「プロジェクトマネジメント・プロセス」はプロジェクトマネジメントに必要な成果物を生み出すための一連の活動を意味します。その構造は次図の通りです。

プロジェクト・マネジメント・プロセスの構造

インプット → ツールと技法 → アウトプット

（前のプロセスの成果物）　（成果物を生み出す手法）　（プロセスの成果物）

「インプット」とは、作業の開始に必要な項目、情報を意味します。このインプットをアウトプットに変換するために使用するツールや技法を「ツールと技法」、出来上がった成果物を「アウトプット」としています。前工程の作業の「アウトプット」が次の作業の「インプット」となることも多く、49個の各プロセスは相互に密接に関係しています。

このあと、本書ではプロジェクトを成功させる（目標達成する）ための作業である「49個のプロセス」の構成を「5つのプロセス群」（どのようなタイミングで実行するのか）ごとに見ていきます。

業務でプロジェクトマネジメントをしていく方にとっては「はじめの一歩として」必見です。

個人の目標達成という観点では「ざっと目を通す」というレベルで十分です。

立上げプロセス群

　立上げプロセス群は、下図のように「プロジェクト憲章の作成」「ステークホルダーの特定」から成ります。ここでは、プロジェクトの立上げにより、初期のスコープが定義され、プロジェクトのステークホルダーが特定され、ステークホルダーの期待とプロジェクトの目的の整合性が図られます。

立上げプロセス群

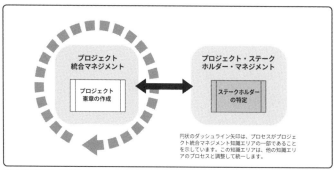

立上げプロセス群

プロジェクト憲章の作成

　プロジェクト憲章とは、プロジェクトを立ち上げる際に、企業の役員や上級マネジメントなどプロジェクトの予算執行に責任と権限を持つ人から、プロジェクト・マネジャーに公式に開始を許可するために発行する文書のことです。プロジェクト憲章を作成するためのインプットとして、あらかじめプロジェクトにより提供されるプロダクトやサービスを説明しているビジネス文書が定義されていることが前提となります。

　なぜプロジェクトを立ち上げるのか、何を作るのか、概算のスケジュールと予算、プロジェクトの前提条件、制約条件などを明確にします。

　プロジェクト憲章は、プロジェクトを組織として正式に認め、支援を意思表示するとともに、その権限を正式にプロジェクト・マネジャーに委譲することを意味しています。

　ビジネスにおけるプロジェクトは必ず経営戦略とつながっています。したがって、投資効果も考慮されますし、失敗した場合は経営責任を問われることも多いでしょう。

　このプロジェクト憲章には、「成功の判断基準」が明記され、プロジェクト完了時にその基準と照らし合わされ、プロジェクトが成功かどうか評価されます。

プロジェクト憲章の作成

インプット	❶ビジネス文書 ❷合意書 ❸組織体の環境要因 ❹組織のプロセス資産
ツールと技法	❶専門家の判断 ❷データ収集 ❸人間関係とチームに関するスキル ❹会議
アウトプット	❶プロジェクト憲章 ❷前提条件ログ

ステークホルダーの特定

　プロジェクトのステークホルダーを定期的に特定し、プロジェクト成功への関心事、関与、相互依存、影響および潜在的影響に関する情報を分析し、文書化するプロセスです。「ステークホルダー」には多くの人が存在するため、プロジェクトに対する影響力や関心度などを軸に分析し、効果的なコミュニケーション手段を講じます。近年のプロジェクトマネジメントでは、関係者を巻き込み、協力体制を構築するということが重要視されています。

ステークホルダーの特定	
インプット	❶プロジェクト憲章　❷ビジネス文書　❸プロジェクトマネジメント計画書　❹プロジェクト文書　❺合意書　❻組織体の環境要因　❼組織のプロセス資産
ツールと技法	❶専門家の判断 ❷データ収集 ❸データ分析 ❹データ表現 ❺会議
アウトプット	❶ステークホルダー登録簿 ❷変更要求 ❸プロジェクトマネジメント計画書更新版 ❹プロジェクト文書更新版

計画プロセス群

　計画プロセス群は、作業全体のスコープを確定し、目標達成のために必要な一連の流れを規定するもので、独自性のある目標を持つプロジェクトにおいては、最も重要なプロセス群と言えます。計画プロセス群に含まれるプロセスは、下図の通りです。

　全体で49個のプロセスのうち、24個がこの計画プロセス群に属しています。

　計画がとても重要ということを意味しているのです。

計画プロセス群相関図

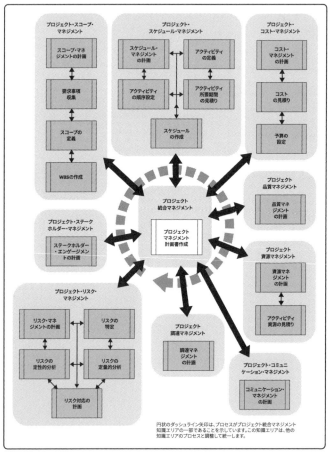

円状のダッシュライン矢印は、プロセスがプロジェクト統合マネジメント
知識エリアの一部であることを示しています。この知識エリアは、他の
知識エリアのプロセスと調整して統一します。

計画プロセス群

『プロジェクトマネジメント知識体系ガイド(PMBOK®ガイド) – 第6版』。
©Copyright 2017 Project Management Institute, Inc. All Rights reserved.

計画プロセス群

スコープ・マネジメントの計画

　プロジェクトおよびプロダクト・スコープがどのように定義され、妥当性が確認され、コントロールされるかを文書化したスコープ・マネジメント計画書を作成するプロセスです。このプロセスにおいて、プロジェクトを通してスコープがどのようにマネジメントされるかについてのガイダンスと方向性が提供されます。PMBOK 流、欧米流では、まず、方針、考え方、手順、ルール、書式などを明確にし、関係者全員で合意した上で進めていくというスタイルをとります。

スコープ・マネジメントの計画

インプット	❶プロジェクト憲章 ❷プロジェクトマネジメント計画書 ❸組織体の環境要因 ❹組織のプロセス資産
ツールと技法	❶専門家の判断 ❷データ分析 ❸会議
アウトプット	❶スコープ・マネジメント計画書 ❷要求事項マネジメント計画書

プロジェクトマネジメント計画書の作成

　すべての補助の計画書を定義・作成・統合・調整するために必要な行動を文書化し、「プロジェクトマネジメント計画書の作成」として統合するプロセスです。計画書は運営上のルール、方法論などをまとめたものです。

プロジェクトマネジメント計画書の作成	
インプット	❶プロジェクト憲章 ❷他のプロセスからのアウトプット ❸組織体の環境要因 ❹組織のプロセス資産
ツールと技法	❶専門家の判断 ❷データ収集 ❸人間関係とチームに関するスキル ❹会議
アウトプット	❶プロジェクトマネジメント計画書

計画プロセス群

要求事項の収集

　プロジェクト目標を達成するためにステークホルダーのニーズを定義し、要求事項を決定し、文書化するプロセスです。

　関係者の要求事項、期待を明確にし、それに応えていくことがプロジェクトの成功へとつながっていくのです。このプロセスを実施するためには、『立上げプロセス群「ステークホルダーの特定」』において、関係者が確実に洗い出されていなくてはなりません。そうでなければ、誰から「要求事項の収集」をするのか不明になってしまうからです。

要求事項の収集

インプット	❶プロジェクト憲章　❷プロジェクトマネジメント計画書　❸プロジェクト文書　❹ビジネス文書　❺合意書　❻組織体の環境要因　❼組織のプロセス資産
ツールと技法	❶専門家の判断　❷データ収集　❸データ分析　❹意思決定　❺データ表現　❻人間関係とチームに関するスキル　❼コンテキスト・ダイアグラム　❽プロトタイプ
アウトプット	❶要求事項文書 ❷要求事項トレーサビリティ・マトリックス

167

スコープの定義

　プロジェクト及び成果物に関しての詳細な記述書を作成するプロセスです。

　このプロセスで作成している「プロジェクト・スコープ記述書」はとても重要な書類であり、プロジェクトに何が含まれ、何が含まれないかの拠り所になります。さらに、成果物の「受入基準」を明記します。この基準に基づいて、プロジェクトの依頼者が最終的に正式に受入れるかどうかを検査することになります。

スコープの定義	
インプット	❶プロジェクト憲章 ❷スコープ・マネジメント計画書 ❸プロジェクト文書 ❹組織体の環境要因 ❺組織のプロセス資産
ツールと技法	❶専門家の判断 ❷データ分析(代替案分析) ❸意思決定 ❹人間関係とチームに関するスキル ❺プロダクト分析
アウトプット	❶プロジェクト・スコープ記述書 ❷プロジェクト文書更新版

計画プロセス群

WBSの作成

　成果物および作業をマネジメントしやすい要素にまで分解するプロセスです。スコープ記述書に最終成果物は定義されますが、具体的な要素レベルまでは定義されていません。そこで、最終成果物を作業やスケジュールや資源・コストの見積りが可能な成果物の単位にまで分解します。これにより、何を完了すべきであるかという枠組みが明確になります。

　第2部において、「ステップ2　目標達成に必要な作業を洗い出す」で説明していた内容になります。

WBSの作成	
インプット	❶プロジェクトマネジメント計画書 ❷プロジェクト文書 ❸組織体の環境要因 ❹組織のプロセス資産
ツールと技法	❶専門家の判断 ❷要素分解
アウトプット	❶スコープ・ベースライン ❷プロジェクト文書更新版

スケジュール・マネジメントの計画

　前述したように、PMBOK において、各知識エリアの「○○マネジメントの計画」のプロセスは、方法論と実行基準、ルールなどを決めるプロセスになっています。

　この「スケジュール・マネジメントの計画」は、プロジェクトのスケジュールを作成し、管理するための方針、手順を文書化したスケジュール・マネジメントの計画書を作成するプロセスです。仕事の基本動作として、取り組む前に、まず方針、手順、ルールを決めるということです。

スケジュール・マネジメントの計画	
インプット	❶プロジェクト憲章 ❷プロジェクトマネジメント計画書 ❸組織体の環境要因 ❹組織のプロセス資産
ツールと技法	❶専門家の判断 ❷データ分析 ❸会議
アウトプット	❶スケジュール・マネジメント計画書

計画プロセス群

アクティビティの定義

　成果物を生成するために、実行すべき具体的な作業を特定するプロセスです。ワーク・パッケージを完成するために必要な、より小さな要素に分解していきます。その結果を「アクティビティ」や「タスク」と呼びます。アクティビティの一覧として「アクティビティ・リスト」を作成し、その詳細内容を記します。実務的には WBS 作成の時点でアクティビティまで分解し、ワーク・パッケージを定義します。

　chapter2 の「ステップ2　目標達成に必要な作業を洗い出す」では、おおざっぱに、「ワーク・パッケージ」と「アクティビティ」を同じものとして説明しています。

　実務においても、小規模プロジェクトにおいては、ほぼ同じものとして扱う場合が多いです。

　PMBOK はそのまま実務に適用するのではなく、現場の状況にあわせて調整して活用することが大切です。このことを「テーラリング」と呼びます。フリーサイズではなくぴったり（Just Enough）サイズに落とし込んでいくという考え方です。

アクティビティの定義

インプット	❶プロジェクトマネジメント計画書 ❷組織体の環境要因 ❸組織のプロセス資産
ツールと技法	❶専門家の判断 ❷要素分解 ❸ローリング・ウェーブ計画法 ❹会議
アウトプット	❶アクティビティ・リスト ❷アクティビティ属性 ❸マイルストーン・リスト ❹変更要求 ❺プロジェクトマネジメント計画書更新版

計画プロセス群

アクティビティの順序設定

　アクティビティ間の論理的依存関係を特定し、文書化するプロセスです。先行アクティビティの成果物に着目して、それを使用する後続アクティビティをつないでいきます。そして、ネットワーク図を仕上げていきます。

　第2部において、「ステップ4　作業の依存関係を調べ、順序を決める」で説明していた内容になります。

アクティビティの順序設定	
インプット	❶プロジェクトマネジメント計画書 ❷プロジェクト文書 ❸組織体の環境要因 ❹組織のプロセス資産
ツールと技法	❶プレシデンス・ダイアグラム法（PDM） ❷依存関係の決定と統合 ❸リードとラグ ❹プロジェクトマネジメント情報システム
アウトプット	❶プロジェクト・スケジュール・ネットワーク図 ❷プロジェクト文書更新版

アクティビティ所要期間の見積り

　各アクティビティを完了するために必要な作業期間を見積るプロセスです。所要期間を見積るためには、どのような資源を使い、誰が行うのかを考慮することが大切です。

　能力の低い古い PC を使うのか、最新型の高性能の PC を使用するのかでは、所要期間は大きく変わってくるのです。ここでの注意点は、最新型の高性能の PC を使用しなさいと言いたいのではなく、所要期間は使用する PC に依存するということを言いたいのです。新入社員が担当するのとベテランが担当するのでは、所要期間が異なることを意識すべきということです。

　第2部において、「ステップ3　作業の役割分担と所要時間を考える」で説明していた内容になります。そこでは、**まず担当者を決めて、その担当者の能力で可能な所要期間を求めていた**ということになります。

アクティビティ所要期間の見積り

インプット	❶プロジェクトマネジメント計画書 ❷プロジェクト文書 ❸組織体の環境要因 ❹組織のプロセス資産
ツールと技法	❶専門家の判断 ❷類推見積り・パラメトリック見積り・三点見積りなどの見積り技法 ❸データ分析 ❹意思決定 ❺会議
アウトプット	❶所要期間見積り ❷見積りの根拠 ❸プロジェクト文書更新版

スケジュールの作成

アクティビティ順序の設定、所要期間、資源に対する要求事項、スケジュールの制約条件を分析し、スケジュールを作成するプロセスです。現在時点での資源状況で達成可能なスケジュールを作成し、必要に応じて短縮を図ります。ここでは、クリティカル・パス、フロートなどを明確にし、メリハリのついたスケジュールを作成することがポイントです。

第2部において、「ステップ5 スケジュールを作成する」で説明していた内容になります。

スケジュールの作成	
インプット	❶プロジェクトマネジメント計画書 ❷プロジェクト文書 ❸合意書 ❹組織体の環境要因 ❺組織のプロセス資産
ツールと技法	❶スケジュール・ネットワーク分析　❷クリティカル・パス法　❸資源最適化　❹スケジュール短縮　❺データ分析　❻リードとラグ ❼プロジェクトマネジメント情報システム ❽アジャイルのリリース計画
アウトプット	❶スケジュール・ベースライン　❷プロジェクト・スケジュール　❸スケジュール・データ ❹プロジェクト・カレンダー　❺変更要求 ❻プロジェクトマネジメント計画書更新版 ❼プロジェクト文書更新版

計画プロセス群

コスト・マネジメントの計画

コストを見積り、予算化し、支出を監視・コントロールする方針と手順を文書化したコスト・マネジメント計画書を作成するプロセスです。

コスト・マネジメントの計画	
インプット	❶プロジェクト憲章 ❷プロジェクトマネジメント計画書 ❸組織体の環境要因 ❹組織のプロセス資産
ツールと技法	❶専門家の判断 ❷データ分析 ❸会議
アウトプット	❶コスト・マネジメント計画書

コストの見積り

　アクティビティを完了するために必要な資源の妥当なコストを定量的に算出するプロセスです。見積もりの精度は最初から高くせずに、プロセスの進捗によって上げていきます。このことを「段階的詳細化」と呼び、プロジェクトマネジメントの大切な考え方のひとつです。

コストの見積り	
インプット	❶プロジェクトマネジメント計画書 ❷プロジェクト文書 ❸組織体の環境要因 ❹組織のプロセス資産
ツールと技法	❶専門家の判断 ❷類推見積り ❸パラメトリック見積り ❹ボトムアップ見積り ❺三点見積り ❻データ分析 ❼プロジェクトマネジメント情報システム ❽意思決定
アウトプット	❶コスト見積り ❷見積りの根拠 ❸プロジェクト文書更新版

計画プロセス群

予算の設定

　コスト・ベースラインを作成し、認可を得るために、アクティビティ・リストとワーク・パッケージから見積りを積算するプロセスです。先行作業になっている「コストの見積り」との違いは次の通りです。

「コストの見積り」個々の作業（アクティビティ）に必要なコストを見積ります。

「予算の設定」個々の作業のコストを集約して、プロジェクト全体のコストを設定します。

	予算の設定
インプット	❶プロジェクトマネジメント計画書 ❷プロジェクト文書 ❸ビジネス文書 ❹合意書 ❺組織体の環境要因 ❻組織のプロセス資産
ツールと技法	❶専門家の判断 ❷コスト集約 ❸データ分析 ❹過去の情報のレビュー ❺資金の限度額による調整 ❻資金調達
アウトプット	❶コスト・ベースライン ❷プロジェクト資金要求事項 ❸プロジェクト文書更新版

品質マネジメントの計画

　どの品質規格がプロジェクトに関係するかを特定して、どのように順守するかを文書化した品質マネジメント計画書を作成するプロセスです。品質は「計画」「設計」「作り込み」によって達成されるもので、検査によるものではありません。このプロセスでは、**プロジェクトで用いる品質尺度も定義**します。

	品質マネジメントの計画
インプット	❶プロジェクト憲章 ❷プロジェクトマネジメント計画書 ❸プロジェクト文書 ❹組織体の環境要因 ❺組織のプロセス資産
ツールと技法	❶専門家の判断　❷データ収集　❸データ分析　❹意思決定　❺データ表現　❻テスト及び検査計画　❼会議
アウトプット	❶品質マネジメント計画書 ❷品質尺度 ❸プロジェクトマネジメント計画書更新版 ❹プロジェクト文書更新版

資源マネジメントの計画

　チームの人的資源および物的資源を見積り、獲得し、マネジメントし、活用する方法を定義するプロセスです。資源の計画は、プロジェクトを成功裏に完了するために十分な資源が活用できることを確実にする手法を決定し、特定するために使用されます。

資源マネジメントの計画	
インプット	❶プロジェクト憲章 ❷プロジェクトマネジメント計画書 ❸プロジェクト文書 ❹組織体の環境要因 ❺組織のプロセス資産
ツールと技法	❶専門家の判断 ❷データ表現 ❸組織論 ❹会議
アウトプット	❶資源マネジメント計画書 ❷チーム憲章 ❸プロダクト文書更新版

アクティビティ資源の見積り

前述の「計画プロセス群『アクティビティの定義』」で明確にした各アクティビティを実行するために、必要な人的資源、物資、装置、サプライなどの種類と量を見積るプロセスです。「ステップ3　作業の役割分担と所要時間を考える」で説明していた内容になります。

アクティビティ資源の見積り	
インプット	❶プロジェクトマネジメント計画書 ❷プロジェクト文書 ❸組織体の環境要因 ❹組織のプロセス資産
ツールと技法	❶専門家の判断 ❷ボトムアップ見積り ❸類推見積り ❹パラメトリック見積り ❺データ分析 ❻プロジェクトマネジメント情報システム ❼会議
アウトプット	❶資源要求事項 ❷見積りの根拠 ❸資源ブレークダウン・ストラクチャー ❹プロジェクト文書更新版

計画プロセス群

コミュニケーション・マネジメントの計画

　ステークホルダーが求める情報ニーズを定め、コミュニケーションへの取り組み方や計画を文書化したコミュニケーション・マネジメント計画書を作成するプロセスです。

　このプロセスの結果は、継続的な適用を可能にするためにプロジェクトを通して定期的に見直し、修正する必要があります。このプロセスがきちんと行われていないと、大切な関係者から「オレは聞いていない」「必要な情報があがってこない」というトラブルにつながることになります。

コミュニケーション・マネジメントの計画	
インプット	❶プロジェクト憲章 ❷プロジェクトマネジメント計画書 ❸プロジェクト文書 ❹組織体の環境要因 ❺組織のプロセス資産
ツールと技法	❶専門家の判断　❷コミュニケーション要求事項分析　❸コミュニケーション技術　❹コミュニケーション・モデル　❺コミュニケーション方法　❻人間関係とチームに関するスキル　❼データ表現　❽会議
アウトプット	❶コミュニケーション・マネジメント計画書 ❷プロジェクトマネジメント計画書更新版 ❸プロジェクト文書更新版

リスク・マネジメントの計画

　プロジェクトのリスク・マネジメント活動を実行する方法を定義し文書化したリスク・マネジメント計画書を作成するプロセスです。

　PMBOK では「リスク・マネジメントの計画プロセスは、プロジェクトが構想された時点で開始し、プロジェクトの早期に完了すべきである」としています。このプロセスのアウトプットとなるリスク・マネジメントの計画書は、プロジェクトの遂行過程において、スコープの変更やフェーズの変更などの要因により、見直し、更新されます。さらに、組織および関係者のリスク許容度、リスク選好なども明らかにしていきます。リスク選好とは、具体的には、リスクに対して積極的にチャレンジしていくか、避ける傾向が強いかというようなことであり、組織や人によって異なります。

リスク・マネジメントの計画

インプット	❶プロジェクト憲章 ❷プロジェクトマネジメント計画書（すべての承認済み補助マネジメント計画書） ❸プロジェクト文書 ❹組織体の環境要因 ❺組織のプロセス資産
ツールと技法	❶専門家の判断 ❷データ分析 ❸会議
アウトプット	❶リスク・マネジメント計画書

リスクの特定

　プロジェクトの全体リスクの要因だけでなく、個別リスクの要因も特定し、その特性を文書化するプロセスです。このプロセスのインプットのひとつに「組織のプロセス資産」が存在しますが、これは自組織で過去のリスクに関する情報、記録が入っているデータベースなどをイメージしています。今後、起きるリスクの80％は、過去に起きているリスクであるということです。アウトプットの**「リスク登録簿」**は、このプロジェクトにおけるリスクを一元管理しておくための入れ物になります。

　このプロセスは「ステップ8　リスクを考慮する」で説明していた内容と関連があります。

	リスクの特定
インプット	❶プロジェクトマネジメント計画書 ❷プロジェクト文書 ❸合意書 ❹調達文書 ❺組織体の環境要因 ❻組織のプロセス資産
ツールと技法	❶専門家の判断 ❷データ収集 ❸データ分析 ❹人間関係とチームに関するスキル ❺プロンプト・リスト ❻会議
アウトプット	❶リスク登録簿 ❷リスク報告書 ❸プロジェクト文書更新版

リスクの定性的分析

　リスクの発生の可能性や影響のみならず、他の特性も評価し、さらなる分析のために**プロジェクトの個別リスクに優先順位をつける**プロセスです。**優先順位は、発生確率と影響度を軸にしたマトリックスを使用**します。そして、優先順位に応じた妥当なリスク対策を後続のプロセスで考えていきます。

　このプロセスは「ステップ8　リスクを考慮する」で説明していた内容と関連があります。

リスクの定性的分析	
インプット	❶プロジェクトマネジメント計画書 ❷プロジェクト文書 ❸組織体の環境要因 ❹組織のプロセス資産
ツールと技法	❶専門家の判断 ❷データ収集 ❸データ分析 ❹人間関係とチームに関するスキル ❺リスク区分化 ❻データ表現 ❼会議
アウトプット	❶プロジェクト文書更新版

計画プロセス群

リスクの定量的分析

　プロジェクトの個別の特定したリスクと、プロジェクト全体における他の不確実性要因が複合した影響を、数量的に分析するプロセスです。すべてのプロジェクトに必須ではなく、個別リスクや不確実性要因に関する高品質なデータが入手できることが前提条件となります。また、そのデータを分析するリスク・ソフトウェアや専門知識も必要となります。このプロセスでは、デシジョンツリーなどを使います。

リスクの定量的分析	
インプット	❶プロジェクトマネジメント計画書 ❷プロジェクト文書 ❸組織体の環境要因 ❹組織のプロセス資産
ツールと技法	❶専門家の判断 ❷データ収集 ❸人間関係とチームに関するスキル ❹不確実性の表現 ❺データ分析
アウトプット	❶プロジェクト文書更新版

リスク対応の計画

　リスク対応の計画は、プロジェクトの全体リスクとプロジェクトの個別リスクに対処するために、選択肢の策定、戦略の選択、および対応処置を合意するプロセスです。**マイナスのリスク（脅威）を減少させ、プラスのリスク（好機）を大きくする**ための選択肢と方策を策定するプロセスです。立案したリスク対応計画は、リスクの優先順位（重要度）に対応しており、関係者全員の合意とリスクごとの責任者（リスク・オーナー）の明確化が必要です。

　このプロセスは「ステップ8　リスクを考慮する」で説明していた内容と関連があります。

リスク対応策の計画

インプット	❶プロジェクトマネジメント計画書 ❷プロジェクト文書 ❸組織体の環境要因 ❹組織のプロセス資産
ツールと技法	❶専門家の判断　❷データ収集　❸人間関係とチームに関するスキル　❹脅威への戦略　❺好機への戦略　❻コンティンジェンシー対応戦略　❼プロジェクト全体のリスクのための戦略　❽データ分析　❾意思決定
アウトプット	❶変更要求 ❷プロジェクトマネジメント計画書更新版 ❸プロジェクト文書更新版

調達マネジメントの計画

　プロジェクトの調達に関する意思決定を文書化して、取り組み方を明確にし、納入候補者を特定するプロセスです。このプロセスではワーク・パッケージやアクティビティを内部で行うのか、外部に任せるかという内外製決定も行います。いわゆる、make or buy です。

調達マネジメントの計画	
インプット	❶プロジェクト憲章　❷ビジネス文書　❸プロジェクトマネジメント計画書　❹プロジェクト文書　❺組織体の環境要因　❻組織のプロセス資産
ツールと技法	❶専門家の判断 ❷データ収集 ❸データ分析 ❹発注先選定基準 ❺会議
アウトプット	❶調達マネジメント計画書　❷調達戦略　❸入札文書　❹調達作業範囲記述書　❺発注先選定基準　❻内外製決定　❼独自コスト見積り　❽変更要求　❾プロジェクト文書更新版　❿組織のプロセス資産更新版

計画プロセス群

ステークホルダー・エンゲージメントの計画

　ステークホルダーのニーズ、期待、関心事、およびプロジェクトの成功に及ぼす潜在的影響度についての分析に基づき、プロジェクト全体を通して、ステークホルダーに効果的に関与してもらう対応戦略を決定するプロセスです。このプロセスは、最初のステークホルダーが、ステークホルダーの特定プロセスで特定された後に策定されますが、定期的に更新されます。その典型的なトリガーは次の通りです。「プロジェクトの新たなフェーズの開始」「組織構造や業界内に変更があったとき」「新たなステークホルダーの出現、あるいはステークホルダーの重要性の変更時」「他のプロセス群からのアウトプットがステークホルダー・エンゲージメント戦略への見直しを要求するとき」です。

　プロジェクト成功の大きなカギは、有力な関係者（ステークホルダー）をいかに巻き込むかです。

ステークホルダー・エンゲージメントの計画

インプット	❶プロジェクト憲章 ❷プロジェクトマネジメント計画書 ❸プロジェクト文書 ❹合意書 ❺組織体の環境要因 ❻組織のプロセス資産
ツールと技法	❶専門家の判断 ❷データ収集 ❸データ分析 ❹意思決定 ❺データ表現 ❻会議
アウトプット	❶ステークホルダー・エンゲージメント計画書

③ 実行プロセス群

　実行プロセス群は、プロジェクトの要求事項を満たすために、プロジェクトマネジメント計画書に定められた作業を完了するために実施されるプロセス群です。

　実行プロセス群に含まれるプロセスは、次図の通りです。

　ここでは、計画通りに実行していくこと、そのためのチーム作りを行い、関係者（ステークホルダー）を巻き込み、協力体制を構築・維持していきます。

　プロジェクトの資源や時間の大半は、このプロセス群に投入することになるでしょう。

実行プロセス群相関図

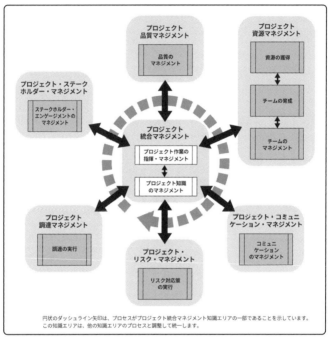

円状のダッシュライン矢印は、プロセスがプロジェクト統合マネジメント知識エリアの一部であることを示しています。
この知識エリアは、他の知識エリアのプロセスと調整して統一します。

実行プロセス群

実行プロセス群

プロジェクト作業の指揮・マネジメント

　プロジェクト成果物を完成させ、目標を達成するために、プロジェクトマネジメント計画で定義された作業を実行するプロセスです。簡単に言えば、計画で決めたことを全集中して実行していくことになります。

	プロジェクト作業の指揮・マネジメント
インプット	❶プロジェクトマネジメント計画書 ❷プロジェクト文書 ❸承認済み変更要求 ❹組織体の環境要因 ❺組織のプロセス資産
ツールと技法	❶専門家の判断 ❷プロジェクトマネジメント情報システム ❸会議
アウトプット	❶成果物 ❷作業パフォーマンス・データ ❸課題ログ ❹変更要求 ❺プロジェクトマネジメント計画書更新版 ❻プロジェクト文書更新版 ❼組織のプロセス資産更新版

プロジェクト知識のマネジメント

　プロジェクト全体を通じて実施されますが、プロジェクトの成果物を作成したり、改善したりするために組織に資産として存在する既存知識を活用し、プロジェクトで創造された知識を新たに資産として残し、次のプロジェクトや業務に活用するようにします。知識は次の2つに大別されます。

- 形式知：単語、絵、数字などを使って容易に文書化できる知識
- 暗黙知：信条、洞察、経験、ノウハウなど、個人的で表現が困難な知識

　既存の知識の活用と新しい知識の創造を行うには、形式知と暗黙知の両方を活用することが求められます。また、プロジェクト・チームだけでなく、ステークホルダーの経験、スキル、専門知識を活用することも重要な要素です。**このプロジェクトで収集された教訓はアウトプットの教訓登録簿といわれる入れ物で一元管理されます。**

　それにより、**このプロジェクトで得た教訓は、教訓登録簿を参照することにより全員に共有することが可能**となります。

プロジェクト知識のマネジメント	
インプット	❶プロジェクトマネジメント計画書 ❷プロジェクト文書 ❸成果物 ❹組織体の環境要因 ❺組織のプロセス資産
ツールと技法	❶専門家の判断 ❷知識マネジメント ❸情報マネジメント ❹人間関係とチームに関するスキル
アウトプット	❶教訓登録簿 ❷プロジェクトマネジメント計画書更新版 ❸組織のプロセス資産更新版

品質のマネジメント

品質に対する要求事項、品質管理の測定結果を監査し、適切な品質標準と運用標準が用いられていることを確実にするプロセスです。プロジェクトの活動が適切なプロセスで行われているかを監視し、継続的改善を行います。

品質のマネジメント	
インプット	❶プロジェクトマネジメント計画書 ❷プロジェクト文書 ❸組織のプロセス資産
ツールと技法	❶データ収集　❷データ分析　❸意思決定 ❹データ表現　❺監査　❻デザイン・フォー・エックス　❼問題解決　❽品質改善方法
アウトプット	❶品質報告書 ❷テスト・評価文書 ❸変更要求 ❹プロジェクトマネジメント計画書更新版 ❺プロジェクト文書更新版

実行プロセス群

資源の獲得

　このプロセスは、プロジェクト全体を通して定期的に必要に応じて適切なタイミングで実行されます。プロジェクト作業を完了するために必要となるチーム・メンバー、設備、装置、資材、サプライなどの資源を確保します。

　経済的要因や他のプロジェクトへの異動などの制約条件のため、資源が確保できない場合には、スキルやコストが異なる代替え資源を確保する必要に迫られることもあります。そのときは、プロジェクトへ与える影響を判断し、スケジュール、コスト、品質などの制約条件の修正をスポンサーに申請することになります。

　現在では、必ずしもプロジェクト現場に集合せずに、リモートで参加するメンバーもいることでしょう。この場合は、いかに効果的なコミュニケーションを行うかが一層大切になります。

資源の獲得

インプット	❶プロジェクトマネジメント計画書 ❷プロジェクト文書 ❸組織体の環境要因 ❹組織のプロセス資産
ツールと技法	❶意思決定 ❷人間関係とチームに関するスキル ❸先行割り当て ❹バーチャル・チーム
アウトプット	❶物的資源の割り当て　❷プロジェクト・チームの任命　❸資源カレンダー　❹変更要求 ❺プロジェクトマネジメント計画書更新版 ❻プロジェクト文書更新版　❼組織体の環境要因更新版　❽組織のプロセス資産更新版

実行プロセス群

チームの育成

　プロジェクトのパフォーマンスを向上させるために、メンバーの能力を育成し、チーム間の交流を促進し、チーム環境を改善するプロセスです。いわゆる「チーム運営」です。

　プロジェクト・マネジャーはチームを特定し、形成し、維持し、動機づけし、リードするようなスキルを身につける必要があります。

　最近では、サーバント・リーダーシップが注目を集めています。これは、奉仕精神に基づくリーダーシップ哲学がベースとなっている最新のリーダーシップ論とのこと。最新の理論は素晴らしいですが、ここでは、もちろん、プロジェクト・チームの状況に応じて、ベストな対応をしていくことが重要なことはいうまでもありません。

チームの育成

インプット	❶プロジェクトマネジメント計画書 ❷プロジェクト文書 ❸組織体の環境要因 ❹組織のプロセス資産
ツールと技法	❶コロケーション　❷バーチャル・チーム ❸コミュニケーション技術　❹人間関係とチームに関するスキル　❺表彰と報奨　❻トレーニング　❼個人及びチームの評価　❽会議
アウトプット	❶チームのパフォーマンス評価　❷変更要求 ❸プロジェクトマネジメント計画書更新版 ❹プロジェクト文書更新版　❺組織体の環境要因更新版　❻組織のプロセス資産更新版

実行プロセス群

チームのマネジメント

　プロジェクト・パフォーマンスを最適化するために、メンバーのパフォーマンスを確認し、フィードバックを行い、課題を解決し、チーム・メンバーの変更をマネジメントするプロセスです。

　プロジェクト・マネジャーには、コミュニケーション・スキル、コンフリクト・マネジメント、交渉、およびリーダーシップに重点をおいた複合的なスキルが必要です。

　最近のプロジェクトマネジメントでは、人的資源でもあり重要なステークホルダーでもあるプロジェクト・メンバーをいかに効果的にリードしていくかが、クローズアップされています。

チームのマネジメント

インプット	❶プロジェクトマネジメント計画書 ❷プロジェクト文書 ❸作業パフォーマンス報告書 ❹チームのパフォーマンス評価 ❺組織体の環境要因 ❻組織のプロセス資産
ツールと技法	❶人間関係とチームに関するスキル ❷プロジェクトマネジメント情報システム
アウトプット	❶変更要求 ❷プロジェクトマネジメント計画書更新版 ❸プロジェクト文書更新版 ❹組織体の環境要因更新版

実行プロセス群

コミュニケーションのマネジメント

　コミュニケーション・マネジメント計画書に従って、プロジェクト情報の生成、収集、配布、保管、検索、廃棄するプロセスです。

　ステークホルダーを巻き込むためにも、コミュニケーションはとても大切です。なぜならば、人は「知らないことには協力することが難しい」からです。いかに計画に従って、相手の必要とする情報を適切な時期、頻度で提供するかということです。

コミュニケーションのマネジメント	
インプット	❶プロジェクトマネジメント計画書 ❷プロジェクト文書 ❸作業パフォーマンス報告書 ❹組織体の環境要因 ❺組織のプロセス資産
ツールと技法	❶コミュニケーション技術　❷コミュニケーション方法　❸コミュニケーション・スキル ❹プロジェクトマネジメント情報システム ❺プロジェクトの報告　❻人間関係とチームに関するスキル　❼会議
アウトプット	❶プロジェクト伝達事項 ❷プロジェクトマネジメント計画書更新版 ❸プロジェクト文書更新版 ❹組織のプロセス資産更新版

リスク対応策の実行

　合意済みのリスク対応計画を実行するプロセスです。合意済みのリスク対応策は計画通り実行されることが重要ですが、リスクの特定と分析およびリスク対応策の策定に労力を費やした結果、計画書は策定されたがリスクのマネジメントにいかなる作業工数もかけないことが散見されます。必要な作業工数をかけることによって積極的なリスク・マネジメントが行われるのです。「備えあれば憂いなし」です。

リスク対応策の実行

インプット	❶プロジェクトマネジメント計画書 ❷プロジェクト文書 ❸組織のプロセス資産
ツールと技法	❶専門家の判断 ❷人間関係とチームに関するスキル ❸プロジェクトマネジメント情報システム
アウトプット	❶変更要求 ❷プロジェクト文書更新版

実行プロセス群

調達の実行

　納入者から回答を得て、納入者を選定し、契約を締結するプロセスです。このプロセスは、適格な納入者を選択し、納入のための法的な合意を形成することにあり、プロセスの最終結果は、正式な契約を含む確立された合意です。

　PMBOK では、「調達の実行」プロセスは、納入者と契約を締結することを指し、後述する「調達のコントロール」プロセスは、契約通りに作業を遂行させ、契約を終結するところまでを含みます。

調達の実行	
インプット	❶プロジェクトマネジメント計画書　❷ビジネス文書　❸調達文書　❹納入候補者のプロポーザル　❺組織体の環境要因　❻組織のプロセス資産
ツールと技法	❶専門家の判断 ❷公告 ❸入札説明会 ❹データ分析 ❺人間関係とチームに関するスキル
アウトプット	❶選定済み納入者　❷合意書　❸変更要求 ❹プロジェクトマネジメント計画書更新版 ❺プロジェクト文書更新版　❻組織のプロセス資産更新版

ステークホルダー・エンゲージメントの
マネジメント

　ステークホルダーのニーズや期待に応え、課題に対処し、ステークホルダーに適切な関与を促すために、ステークホルダーとコミュニケーションをとり、協働するプロセスです。

　ステークホルダーのエンゲージメントをマネジメントするのは、プロジェクト・マネジャーの責任です。

　エンゲージメント（Engagement）の和訳は、「婚約、約束、契約」です。

　プロジェクトマネジメントでは、**ステークホルダーへの積極的な関与**のことを意味しています。

　ステークホルダーのニーズと期待に応えるための活動です。

ステーク・ホルダー・エンゲージメントのマネジメント	
インプット	❶プロジェクトマネジメント計画書 ❷プロジェクト文書 ❸組織体の環境要因 ❹組織のプロセス資産
ツールと技法	❶専門家の判断 ❷コミュニケーション・スキル ❸人間関係とチームに関するスキル ❹行動規範 ❺会議
アウトプット	❶変更要求 ❷プロジェクトマネジメント計画書更新版 ❸プロジェクト文書更新版

監視・コントロール・プロセス群

　監視・コントロール・プロセス群は、プロジェクトの進捗やパフォーマンスを追跡し、レビューし、調整するために必要なプロセス群です。さらに計画の変更が必要な分野を特定し、該当する変更を開始するプロセス群でもあります。

　簡単に言えば、計画値と実績値を比較して、差異があれば計画変更を要求するというイメージです。

　このプロセス群には、次の内容も含まれます。

- 変更要求を評価し、適切な対応策を決定する
- 起こり得る問題の予測に基づく是正処置、あるいは予防処置を提案すること
- プロジェクトマネジメント計画書およびプロジェクト・ベースラインに照らし、実行中のプロジェクト活動を監視すること
- 変更管理プロセスを経由しない可能性のある要因に働きかけ、承認された変更だけが実行されるようにすること。

　監視・コントロール・プロセス群に含まれるプロセスは、次図の通りです。

監視・コントロール・プロセス群

『プロジェクトマネジメント知識体系ガイド（PMBOK®ガイド）- 第6版』。
©Copyright 2017 Project Management Institute, Inc. All Rights reserved.

プロジェクト作業の監視・コントロール

　プロジェクトマネジメント計画書に定義されたパフォーマンス目標を達成するために、全体的な進捗状況を追跡、レビュー、かつ報告するプロセスです。

「作業パフォーマンス報告書」を作成しているのはこのプロセスだけです。

　この報告書は、意思決定や対策、あるいは認識を引き出すために、作業パフォーマンス情報を物理的または電子的にまとめたものです。

　そして、プロジェクト・コミュニケーション・マネジメント計画書に定義されているコミュニケーション・プロセスを介してプロジェクト・ステークホルダーに伝達されます。

プロジェクト作業の監視・コントロール

インプット	❶プロジェクトマネジメント計画書 ❷プロジェクト文書 ❸作業パフォーマンス情報 ❹合意書 ❺組織体の環境要因 ❻組織のプロセス資産
ツールと技法	❶専門家の判断 ❷データ分析 ❸意思決定 ❹会議
アウトプット	❶変更要求 ❷作業パフォーマンス報告書 ❸プロジェクトマネジメント計画書更新版 ❹プロジェクト文書更新版

統合変更管理

　すべての変更要求をレビューし、変更を承認し、成果物、組織のプロセス資産、プロジェクト文書、プロジェクトマネジメント計画書への変更のマネジメントを行うプロセスです。

　このプロセスは、プロジェクト全体を通して行われます。**PMBOK 第6版では、変更を承認、却下できるのは正式な会議体（変更管理委員会）でのみ可能である**としています。

　プロジェクトマネジメントで大切なことは、「きちんと計画を立て、その通りに実行する」ことです。

　そして、「状況が変化して計画通りに行かない場合は、きちんと正式な形で柔軟に変更していく」ことです。

　このプロセスは「ステップ9　計画を実行し、コントロールする」で説明していた内容と関連があります。プロジェクトにおいて、非常に大切なプロセスと言えるでしょう。

統合変更管理	
インプット	❶プロジェクトマネジメント計画書 ❷プロジェクト文書 ❸作業パフォーマンス報告書 ❹変更要求 ❺組織体の環境要因 ❻組織のプロセス資産
ツールと技法	❶専門家の判断 ❷変更管理ツール ❸データ分析 ❹意思決定 ❺会議
アウトプット	❶承認済み変更要求 ❷プロジェクトマネジメント計画書更新版 ❸プロジェクト文書更新版

スコープの妥当性確認

　ステークホルダーとともにプロジェクトの成果物をレビューし、公式な受け入れを得るプロセスです。

　プロジェクトの成果物の受け入れ基準は、プロジェクト・スコープ記述書で定義されます。スコープ妥当性確認で、品質コントロール・プロセスから得られる検証済成果物のレビューを顧客またはスポンサーと共に行い、問題がなければ、正式に受け入れます。

　わかりやすく言えば、**できあがった成果物は、品質チェックをして正しくできたことを確認した後、このプロセスで依頼者が正式に検査する**ということです。

スコープの妥当性確認	
インプット	❶プロジェクトマネジメント計画書 ❷プロジェクト文書 ❸検証済み成果物 ❹作業パフォーマンス・データ
ツールと技法	❶検査 ❷意思決定
アウトプット	❶受入れ済み成果物 ❷作業パフォーマンス情報 ❸変更要求 ❹プロジェクト文書更新版

スコープのコントロール

　プロジェクト・スコープとプロダクト・スコープの状況を監視し、スコープ・ベースラインに対する変更をマネジメントするプロセスです。

　このプロセスにより、プロジェクト全体を通してスコープ・ベースラインが維持されていきます。プロジェクト・スコープをコントロールすることで、すべての要求変更および提案された是正処置や予防措置が、確実に統合変更管理プロセスを通して処理されるようにします。スコープを管理せずに変更することを**「スコープ・クリープ」**と呼びますが、スコープ変更は不可避であるため、「スコープ・クリープ」を防ぐ目的で、何らかの変更管理プロセスを必要とします。

　実は多くのプロジェクトが失敗（予算超過、納期遅延）する原因は、スコープ・クリープなのです。「できたらよいな（Nice to have）」をついつい勝手にやってしまうことが原因なのです。**プロジェクト成功のポイントは「必須（Must have）」のことにだけ集中すること**なのです。

　蛇足ですが、PMP 試験（プロジェクトマネジメントの国際資格）合格プロジェクトのコツは、試験内容のガイドライン ECO（Examination Content Outline）に沿った学習をすることです。PMBOK の内容、用語を暗記することなど、Nice to have なのです。

スコープのコントロール	
インプット	❶プロジェクトマネジメント計画書 ❷プロジェクト文書 ❸作業パフォーマンス・データ ❹組織のプロセス資産
ツールと技法	❶データ分析（差異分析、傾向分析）
アウトプット	❶作業パフォーマンス情報 ❷変更要求 ❸プロジェクトマネジメント計画書更新版 ❹プロジェクト文書更新版

スケジュールのコントロール

　スケジュールの状況を把握し、変更をもたらす要因に働きかけ、変更を確定し管理するプロセスです。このプロセスは、プロジェクト全体を通して実行されます。

スケジュールのコントロール	
インプット	❶プロジェクトマネジメント計画書 ❷プロジェクト文書 ❸作業パフォーマンス・データ ❹組織のプロセス資産
ツールと技法	❶データ分析 ❷クリティカル・パス法 ❸資源最適化 ❹リードとラグ ❺スケジュール短縮
アウトプット	❶作業パフォーマンス情報 ❷スケジュール予測 ❸変更要求 ❹プロジェクトマネジメント計画書更新版 ❺プロジェクト文書更新版

222

監視・コントロール・プロセス群

コストのコントロール

　予算を更新するためにプロジェクトの状況を監視し、コスト・ベースラインへの変更を管理するプロジェクト全体を通して行われるプロセスです。

　前述している「計画プロセス群『予算の設定』」のアウトプットであるコスト・ベースラインが、このプロセスで予算管理をする際の基準となります。コスト・ベースラインに基づいて、実際のコストの状況を監視し、必要に応じて是正処置などを行います。

コストのコントロール

インプット	❶プロジェクトマネジメント計画書 ❷プロジェクト文書 ❸プロジェクト資金要求事項 ❹作業パフォーマンス・データ ❺組織のプロセス資産
ツールと技法	❶専門家の判断 ❷データ分析 ❸残作業効率指数 ❹プロジェクトマネジメント情報システム
アウトプット	❶作業パフォーマンス情報 ❷コスト予測 ❸変更要求 ❹プロジェクトマネジメント計画書更新版 ❺プロジェクト文書更新版

品質のコントロール

　プロジェクト活動全体を通して、結果を監視し、その結果を記録し、必要に応じて、是正処置を行うプロセスです。このプロセスの英語は Quality Control であり、品質管理のことなのです。

　このプロセスを通して、品質面で正しさ（適合性）が確認された成果物を「検証済み成果物」と呼びます。

「スコープの妥当性確認」と「品質のコントロール」のプロセスの違いは、スコープの妥当性確認プロセスが『成果物の受け入れ（Acceptance）』を主要な関心事としているのに対し、品質のコントロールプロセスは『成果物に規定されている品質要求事項を満たしているかどうか（Correctness）』を主要な関心事としている点にあります。

品質のコントロール

インプット	❶プロジェクトマネジメント計画書　❷プロジェクト文書　❸承認済み変更要求　❹成果物　❺作業パフォーマンス・データ　❻組織体の環境要因　❼組織のプロセス資産
ツールと技法	❶データ収集　❷データ分析　❸検査　❹テストとプロダクト評価　❺データ表現　❻会議
アウトプット	❶品質コントロール測定結果　❷検証済み成果物　❸作業パフォーマンス情報　❹変更要求　❺プロジェクトマネジメント計画書更新版　❻プロジェクト文書更新版

資源のコントロール

　このプロセスは、プロジェクト全体を通して行われ、割り当てられた資源が適時に適切な場所でプロジェクトに利用可能であることを確実にします。資源の計画に対する実際の利用状況を監視し、必要に応じて是正処置を講じます。

資源のコントロール	
インプット	❶プロジェクトマネジメント計画書 ❷プロジェクト文書 ❸作業パフォーマンス・データ ❹合意書 ❺組織のプロセス資産
ツールと技法	❶データ分析 ❷問題解決 ❸人間関係とチームに関するスキル ❹プロジェクトマネジメント情報システム
アウトプット	❶作業パフォーマンス情報 ❷変更要求 ❸プロジェクトマネジメント計画書更新版 ❹プロジェクト文書更新版

監視・コントロール・プロセス群

コミュニケーションの監視

　プロジェクト全体を通して行われ、ステークホルダーの情報へのニーズを満たすために、状況報告、進捗測定、予測などのパフォーマンス情報を収集し、配布するプロセスです。

　コミュニケーションの影響と結果は、送信者の意図する内容が、受信者に正しく、適切なタイミングで伝達されるように監視されなければなりません。

　コミュニケーションは相手に正しく伝わってはじめて成立します。正しく伝わったかどうかまで確認する行為を含めてコミュニケーションなのです。

（コミュニケーションの基本モデル）

　ダメな例

　① 送信者「メールの内容はわかりましたか？」

　② 受信者「承知しました」

　良い例

　① 送信者「メールの内容はわかりましたか？」

　② 受信者「承知しました」

　③ 送信者「お手数ですが、どのように理解したのか、あなたの言葉で具体的に説明してください」

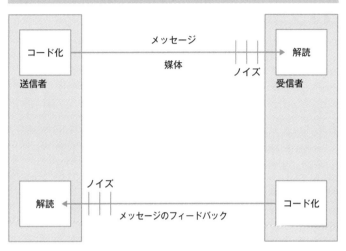

コミュニケーションの基本モデル

コード化 — メッセージ — 解読
媒体 ノイズ
送信者 受信者

ノイズ
解読 ← コード化
メッセージのフィードバック

コミュニケーションの監視

インプット	❶プロジェクトマネジメント計画書 ❷プロジェクト文書 ❸作業パフォーマンス・データ ❹組織体の環境要因 ❺組織のプロセス資産
ツールと技法	❶専門家の判断 ❷プロジェクトマネジメント情報システム ❸データ表現 ❹人間関係とチームに関するスキル ❺会議
アウトプット	❶作業パフォーマンス情報 ❷変更要求 ❸プロジェクトマネジメント計画書更新版 ❹プロジェクト文書更新版

監視・コントロール・プロセス群

リスクの監視

　プロジェクト全期間にわたり、合意済みのリスク対応計画の実行を監視し、特定したリスクを追跡し、新しいリスクを特定し、分析し、そしてリスク・マネジメント・プロセスの有効性を評価するプロセスです。プロジェクトはいくつもの変動要素に見舞われます。すでに特定したリスクを追跡し、発生の可能性がなくなったリスクの削除、今後の残存リスクの監視、および新たなリスクの発生を想定し、特定します。

　リスクは変化します。
　台風のように季節によって発生頻度が異なったり、ウイルスのように新たなものが明日発見されるかもしれません。
　ですから、**計画時だけでなく、プロジェクト全期間にわたり、リスクを監視し続ける必要がある**のです。

リスクの監視

インプット	❶プロジェクトマネジメント計画書 ❷プロジェクト文書 ❸作業パフォーマンス・データ ❹作業パフォーマンス報告書
ツールと技法	❶データ分析 ❷監査 ❸会議
アウトプット	❶作業パフォーマンス情報 ❷変更要求 ❸プロジェクトマネジメント計画書更新版 ❹プロジェクト文書更新版 ❺組織のプロセス資産更新版

監視・コントロール・プロセス群

調達のコントロール

調達先との関係をマネジメントして、契約上のパフォーマンスを監視し、適切な変更と是正を行い、さらに契約を終結するプロセスです。

注意したいことは、調達のコントロールは調達先ごとに行われ、それぞれの契約終結のタイミングが異なるということです。必ずしも、プロジェクト自体の終結とタイミングが一致するわけではありません。

調達のコントロール	
インプット	❶プロジェクトマネジメント計画書　❷プロジェクト文書　❸合意書　❹調達文書　❺承認済み変更要求　❻作業パフォーマンス・データ　❼組織体の環境要因　❽組織のプロセス資産
ツールと技法	❶専門家の判断 ❷クレーム管理 ❸データ分析 ❹検査 ❺監査
アウトプット	❶調達終結　❷作業パフォーマンス情報　❸調達文書更新版　❹変更要求　❺プロジェクトマネジメント計画書更新版　❻プロジェクト文書更新版　❼組織のプロセス資産更新版

ステークホルダー・エンゲージメントの監視

　ステークホルダー・エンゲージメントの監視は、エンゲージメント戦略と計画の改定を通して、プロジェクトのステークホルダーとの関係を監視し、ステークホルダーの関与への戦略をテーラリングするプロセスです。

　他人に関与し続けてもらうためには努力（それなりの負荷）が必要なのです。

ステークホルダー・エンゲージメントの監視	
インプット	❶プロジェクトマネジメント計画書 ❷プロジェクト文書 ❸作業パフォーマンス・データ ❹組織体の環境要因 ❺組織のプロセス資産
ツールと技法	❶データ分析 ❷意思決定 ❸データ表現 ❹コミュニケーション・スキル ❺人間関係とチームに関するスキル ❻会議
アウトプット	❶作業パフォーマンス情報 ❷変更要求 ❸プロジェクトマネジメント計画書更新版 ❹プロジェクト文書更新版

終結プロセス群

　終結プロセス群は、プロジェクト、フェーズ、または契約を正式に完了または終結するために実施するプロセス群です。

　プロジェクトは有期的な活動です。プロジェクトを遂行していたプロジェクト・チームなどは、目標を達成すれば解散等する有期的な組織です。

　例えば、その有機的な組織が解散した場合、その後の形態は、以下の3つに大別されます。

- **プロジェクトの終了とともに組織も解散。（被災地の支援活動など）**
- **プロジェクトの終了とともに成果物は既存の組織に移管される。（社内システムの導入など）**
- **組織や新会社が事業そのものを引き継ぐ。（新規事業の立ち上げなど）**

プロジェクトやフェーズの終結

　プロジェクト憲章によって公式に開始されたプロジェクトを公式に終了させる、あるいはあらかじめ定められたフェーズを終了させる手順を定義しているプロセスです。プロジェクトマネジメント計画書をレビューし、すべての作業完了、あるいは目標達成を確実にします。このプロセスで最終的に更新された「組織のプロセス資産」は次のプロジェクトの大切なインプットとなっていきます。なお、用語の使い分けとしては、「教訓リポジトリィ（組織のプロセス資産）」は組織全体で共有しているもの、「教訓登録簿」はプロジェクト毎に管理しているものとなります。

　プロジェクトが成功したかどうかは、プロジェクト憲章に記述している「成功の判断基準」を参照し評価されます。

プロジェクトやフェーズの終結

インプット	❶プロジェクト憲章 ❷プロジェクトマネジメント計画書 ❸プロジェクト文書 ❹受入れ済み成果物 ❺ビジネス文書 ❻合意書 ❼調達文書 ❽組織のプロセス資産
ツールと技法	❶専門家の判断 ❷データ分析 ❸会議
アウトプット	❶最終プロダクト・サービス・所産の移管 ❷組織のプロセス資産更新版 ❸プロジェクト文書更新版 ❹最終報告書

あとがき

　社会保障制度の充実を形容する「ゆりかごから墓場まで」という言葉があります。プロジェクトマネジメント（PM）について長年携わっている身としては、まさにPMは「ゆりかごから墓場まで」という長い人生において活用できるものだと思っています。

　とかくPMは、ビジネス上のことと思われがちですが、本書では、ビジネス以外でもPMを活用するさまを紹介してきたつもりでおります。

　chapter1 では、受験勉強にPMを活かし合格という目標を成し遂げました。chapter2 では、家族旅行をプロジェクトにし、また定年後の第二の人生を田舎で暮らすということをプロジェクトとして、その目標を達成するための手立てをステップ形式で紹介しました。

　みなさんの「ゆりかごから墓場まで」を考えてみますと、例えば育児では、お父さんお母さんが育児プロジェクトとしてPMを活かせるでしょう。お子さんが小学生、または中学生になったら、chapter1 の物語のように勉強にPMを活かせますし、クラブ活動などで、まさに目標達成としてPMを活用していただきたいくらいです。大学生では、社会人になって活躍するた

めの準備として使えます。

　社会人の１年目から３年目あたりでは、グローバルスタンダードとしてのビジネスマナー的に、ビジネスをする上で「ＰＭを知らないと恥ずかしいぞ」と思えるくらい、ビジネスの目標などを達成していくときなどの手順がＰＭになります。

　これくらいの年齢になってくると、先の人生を考えるわけです。結婚や出産するまでのプロジェクトなどになりますが、自分がいつごろ結婚して、子供ができて、家を買って、車を買ってと、お金にまつわることが増えてくると、ここでファイナンシャル・プランニングという人生設計（ライフプランニング）を考えるようになります。これは、まさにＰＭです。

　日常生活を考えるなら、一番小さいことが夕飯プロジェクト、また、chapter2 で触れた家族旅行プロジェクトなどありますね。

　定年を意識し始める 50 歳以降になると、これも chapter2 で触れた第２の人生としての田舎暮らしプロジェクトなどが考えられます。
　また、この 50 歳くらいから、会社を辞めてお墓に入るまでを大きな人生プロジェクトとしてみるやり方もあるでしょう。ここも人生の大きなＰＭになります。

　このようにＰＭはビジネスにとどまらず、人生全般に大いに

活用できる素晴らしい集合知なのです。

　本書では、プロジェクトマネジメントに関するノウハウや手法を体系的にまとめた PMBOK の第 6 版、そして第 7 版に準拠した内容を掲載しました。

　最後になりますが、私の師匠でもあり監修をしていただいた中嶋秀隆氏、そして、chapter1 の PM 小話を考えてくださり、いつも新しい気付きを私に与えてくださる宮田和裕氏に感謝しております。

　このプロジェクトマネジメントに触れることで、みなさんのビジネス、そして人生がより豊かになることを願ってやみません。

中西全二

【監修】

中嶋秀隆 （なかじま・ひでたか）

プラネット株式会社 エグゼクティブ・コンサルタント (創業者・前社長)
PMI 会員。同日本支部アドバイザー（前・理事）。PMP 。PMAJ 会員。プロジェクトマネジメント学会員。『PMBOK ガイド』翻訳検証委員（第 2-7 版）。
岩手県宮古市生まれ。国際基督教大学大学院修了。
京セラ（海外営業）、インテル（国際購買マネジャー、法務部長、人事部長）など、日米の有力企業に約 20 年勤務。その間、多数のプロジェクトに PM として参画。日本およびアジア地域のビジネスパーソンを対象に、プロジェクトマネジメント技法の研修、コンサルティングを行っている。

【著者】

中西全二 （なかにし・ぜんじ）

スマートビジョン株式会社代表取締役社長。早稲田大学政治経済学部経済学科卒。安田火災（現・損保ジャパン）、厚生労働省関連団体等の有力企業に 22 年間勤務。大型コンピューターシステム（MVS）導入・移行、営業支援システム展開、コールセンター設立などのプロジェクトを経験。22 年以上にわたり、プロジェクトマネジメント技法のグローバル・スタンダードの研修、システム関連の研修等およびコンサルティングを業界問わず多くの有力企業にて実施している。
●米国 PMI 会員および PMP、PMI-ACP、PMI 認定講師
●日本プロジェクトマネジメント協会会員
●日本ファイナンシャル・プランナーズ協会会員および CFP

プラネット株式会社
https://www.planetkk.net/

視覚障害その他の理由で活字のままでこの本を利用出来ない人のために、営利を目的とする場合を除き「録音図書」「点字図書」「拡大図書」等の製作をすることを認めます。その際は著作権者、または、出版社までご連絡ください。

プロジェクトマネジメント
最強の教科書

2023 年 8 月 22 日　　初版発行

監　修	中嶋秀隆
著　者	中西全二
発行者	野村直克
発行所	総合法令出版株式会社
	〒 103-0001 東京都中央区日本橋小伝馬町 15-18
	EDGE 小伝馬町ビル 9 階
	電話　03-5623-5121
印刷・製本	中央精版印刷株式会社

落丁・乱丁本はお取替えいたします。
©Zenji Nakanishi 2023 Printed in Japan
ISBN 978-4-86280-876-9
総合法令出版ホームページ　http://www.horei.com/